Über das Buch:

Das Buch beschäftigt sich mit Phänomenen der visuellen Kommunikation. Dies kann auf sehr unterschiedliche Weise geschehen: Es gibt Versuche, geschlossene Anleitungen zur Herstellung von Zeichen (Signets), Plakaten, aber auch Kunst (Aquarell, Öl, Akt, Mode etc.) zu geben; d.h. bestimmte Mittel (formal oder technisch/handwerklich) innerhalb eines erprobten Systems zu vermitteln. Zunächst oft eine funktionierende Sache, aber . . .

Die gestalterischen Elemente und auch die verschiedenen Techniken sind ursächlich n i c h t an Gestaltungs s y s t e m e gebunden. Die Elemente erscheinen in jedem System, aber durch neue Verbindungen können auch neue Systeme entstehen.

Und heute, wo die Computergrafik in den Ateliers Einzug hält, erwarten manche, daß der Computer (mit dem richtigen Programm) für sie die Gestaltung übernimmt. Dabei darf aber nicht übersehen werden, daß der Computer nur das, was ihm durch sein Programm aufgegeben ist, ausführt. Auch der Grafik-Computer ist nur Werkzeug. Die Gestaltung, das entwerferische und strukturelle Denken bleibt weiterhin Aufgabe des Gestalters. Sowohl die „richtige" Proportion, die „richtige" Farbe und Form als auch die Verständlichkeit muß er festlegen und überprüfen.

Deshalb braucht der Gestalter, gleich welche Hilfsmittel ihm später zur Verfügung stehen, ausreichend Erfahrung mit und Kenntnis von sowohl den gestalterischen Elementen und Möglichkeiten wie auch den kommunikativen Abläufen, insbesondere auch der menschlichen Wahrnehmung.

Deshalb scheint es mir notwendig zu sein, in einer Arbeit über Gestaltung (visuelle Kommunikation) die verschiedenen Elemente, sowohl die der Kommunikation als auch die der Wahrnehmung, vorzustellen, ohne ihre Bedeutung in diesem oder jenem System zu fixieren, stattdessen sie mit Fragen zu verbinden, die die Funktion oder Wandelbarkeit der Bedeutung der Elemente bewußt macht und so hilft, die Sinne zu schärfen für den Umgang mit ihnen sowohl in bestehenden als auch in neuen Systemen.

Über den Autor:

J. Michael Matthaei, geb. 1946, studierte an der Staatlichen Hochschule für bildende Künste Berlin Grafik-Design. Abschluß als Diplom-Designer 1973 mit der vorliegenden Arbeit. Lehrauftrag an der Gesamthochschule Kassel „über Farbe". 1975 Veröffentlichung von „Grundfragen des Grafik-Design". 1984 „Bodenkontakt" Fotografien und Texte. Ausstellungen im In- und Ausland. Lebt und arbeitet in Berlin als Maler und Grafiker.

J. Michael Matthaei

Grundfragen des Grafik-Design

wahrnehmen und gestalten

AUGUSTUS VERLAG AUGSBURG

CIP-Titelaufnahme der Deutschen Bibliothek

Matthaei, Jörg Michael:
Grundfragen des Grafik-Design : wahrnehmen und gestalten /
J. Michael Matthaei. – 1. Nachdr. – Augsburg : Augustus-Verl.,
1990
   ISBN 3-8043-0107-X

AUGUSTUS VERLAG AUGSBURG 1993
© Weltbild Verlag GmbH
Printed in Germany
Druck: Appl, Wemding

ISBN 3-8043-0107-X

Inhaltsverzeichnis

Einleitung

1. Motivation   1
2. Zielsetzung und Aufbau   3
3. Zur Gestaltung   4

I.   Berufsbild und Studium

1. Zum Berufsbild des Grafik-Designers   7
2. Die Aufgaben des Grafik-Designers   10
3. Die Verantwortung des Grafik-Designers   12
4. Zur Arbeitsweise   13

II. Grundlagen der Kommunikation

Kommunikationsschemata   17
1. Der Sender   20
2. Der Empfänger   21
   2.1. Einsichten in Probleme der Wahrnehmung   21
      2.1.1. Der Mensch in seiner Organisation   22
      2.1.2. Einige allgemeine, grundlegende Gedanken über den Wahrnehmen-
               den und Wahrnehmung   22
      2.1.3. Ein Versuch, Wahrnehmen in konkreten Situationen zu beschreiben .   25
      2.1.4. Über die Notwendigkeit der Selektion in der Wahrnehmung   28
      2.1.5. Die Aufmerksamkeit   31
      2.1.6. Die Möglichkeit der Manipulation   36
      2.1.7. Der Empfänger als Teil der Gesellschaft   37
3. Der Kanal   38
4. Der Code   39
5. Die Störung   40
6. Die Redundanz   41
7. Die Information   42
8. Der Zeichenvorrat   45
9. Die Semiotik   46
   9.1. Die Syntaktik   47

9.2. Die Semantik 48
9.3. Die Pragmatik 49
    9.3.1. Die Parteilichkeit 50
    9.3.2. Die Nützlichkeit 51
    9.3.3. Die Evidenz 52

III. Gestalterische Grundlagen

Entwerfen – Gestalten 55
1. Die Form 63
1.1. Punkt, Linie, Fläche 64
1.2. Das Format 65
1.3. Die Proportion 71
    1.3.1. Mathematische Proportionsregeln 78
    1.3.2. Konstruktionshilfe: 1. Strahlensatz 80
2. Die Figur 81
2.1. Die Gestaltgesetze 81
    2.1.1. Das Gesetz der Nähe 82
    2.1.2. Das Gesetz der Geschlossenheit 83
    2.1.3. Das Gesetz der Gleichheit 84
    2.1.4. Das Gesetz der Erfahrung 86
        2.1.4.1. Die Perspektive 87
    2.1.5. Das Gesetz der durchgehenden Linie 92
2.2. Die Kombinatorik als Ordnungsprinzip 93
    2.2.1. Die Permutation 94
    2.2.2. Die Variation 96
    2.2.3. Die Kombination 96
2.3. Figur – Grund 100
    2.3.1. Die Kontur 100
    2.3.2. Das Gesetz der Gleichheit 104
    2.3.3. Das Gesetz der Innenseite 105
    2.3.4. Das ‚Um‘-Feld 106
    2.3.5. Die Binnengliederung 107
    2.3.6. Das Gesetz der guten Gestalt; das Gesetz des Aufgehens 109
2.4. Die sogenannten geometrisch-optischen Täuschungen und ihre Bedeutung
    in der Gestaltung 110
    2.4.1. Absolute bzw. empfundene Größe 110
    2.4.2. Sich überlagernde Strukturen 115
    2.4.3. Vibrierende Bilder 118
    2.4.4. Horizontale und vertikale Schraffur 119
3. Die Helligkeit 120
3.1. Der Helligkeitskontrast; der Simultankontrast 121
    3.1.1. Der Flächenkontrast 121

3.1.2. Der Randkontrast 123

3.2. Helligkeit und Räumlichkeit 126

4. Die Farbe 127

4.1. Farbiges Licht 127

4.2. Körperfarben; Raumfarben 129

4.3. Eine Farbordnung 130

4.4. Die Farbempfindung; Farbpsychologie 138

4.5. Die Beziehungen zwischen Farben; die Farbkontraste 140

4.5.1. Simultankontrast 140

4.5.2. Optisch-partitive Farbmischung 141

4.5.3. Sukzessivkontrast 142

4.5.4. Komplementärkontrast 143

4.5.5. Helligkeitskontrast 143

4.5.6. Quantitätskontrast 144

4.5.7. Intensitätskontrast 144

4.5.8. Unbuntkontrast 145

4.5.9. Buntkontrast 145

4.5.10. Kalt-Warm-Kontrast; Nah-Fern-Kontrast 146

4.5.11. Flimmerkontrast 147

4.5.12. Erscheinungskontrast 147

5. Die Prägnanz: Ziel der Gestaltung 152

5.1. Die Prägnanztendenz 155

Literaturverzeichnis 157

Einleitung

1. Die Motivation

Schon seit längerer Zeit stellt sich an den Ausbildungsstätten der Grafik-Designer die Frage nach der Gestaltung des ‚Grundstudiums‘ im Bereich des Grafik-Design, und die bisherigen Antworten in Bezug auf die Inhalte, d. h. die Bewertungen und die daraus folgenden Bevorzugungen der handwerklichen oder künstlerischen oder gesellschaftsbezogenen und -kritischen oder kommunikationstheoretischen bzw. informationstheoretischen Aspekte des Grafik-Design sind umstritten und nicht unbedingt zufriedenstellend.

Bis vor nicht allzu langer Zeit war es noch üblich, entweder den handwerklichen Aspekt im Hinblick auf den Umgang mit dem ‚Handwerkszeug‘, d. h. der augenblicklich bestehenden Berufspraxis, oder aber den künstlerischen Aspekt in dem Versuch, aus dem einfachen ‚Gebrauchsgrafiker‘ doch noch einen Künstler zu machen, in den Vordergrund der Ausbildung zu stellen.

Zu der gleichen Zeit, als die Wissenschaft immer mehr Bereiche des Lebens und der Gesellschaft erforschte, entwickelte sich dann das Bedürfnis bei den Gebrauchsgrafikern - insbesondere an den Lehranstalten -, auch an diesen wissenschaftlichen Erkenntnissen teilzuhaben, d. h. eine wissenschaftliche Grundlage für ihre Arbeit zu finden und damit auch eine wissenschaftliche Ausbildung, die hochschulfähig ist, zu erreichen.

Bei der Suche wurde dann das ‚Angebot‘ der Wissenschaft im Bereich der Nachrichtenübermittlung, die Informationstheorie, entdeckt und auch freudig übernommen. Man glaubte, die Grundlage gefunden zu haben, die die Arbeit des Grafik-Designers rational und exakt erfaßbar und durchschaubar machen würde, womit gleichzeitig die Ausbildung berechtigterweise hochschulreif, da wissenschaftlich, würde.

- In diese Zeit fällt auch, und sicher nicht von ungefähr, die Namensänderung von ‚Gebrauchsgrafiker‘ in ‚Grafik-Designer‘. -

Nun wurde klassifiziert, katalogisiert und gerechnet, doch die Rechnung ging nicht auf, ja sie konnte nicht aufgehen, da zwischen Mensch und Computer und zwischen Gestalten und Rechnen immer noch ein Unterschied besteht. Die Folge war eine mehr oder weniger resolute Abkehr weg von der Technik der Nachrichtenübermittlung und hin zu der Frage nach dem Menschen, der - nun aber welche - Nachricht empfangen sollte.

Die zu der Zeit gerade aktuell gewordenen gesellschaftskritischen Strömungen, insbesondere an den Universitäten, beeinflußten nun die Grundlagenarbeit dahingehend, daß man Antworten auf die folgenden Fragen suchte: ‚warum‘ werden ‚welche‘ Informationen übermittelt, und welche ‚müssen‘ übermittelt werden? Selten wurde dagegen die Frage nach der ‚Form‘, in der diese Informationen übermittelt werden sollten, gestellt. Es kam sogar so weit, daß der eine oder andere den Standpunkt vertrat, ein ‚guter‘, ‚richtiger‘ Inhalt bedarf gar keiner ‚besonderen‘ Form, da er für sich selbst spricht.

1

Auch dieser Versuch, die Probleme des Grafik-Designers zu erarbeiten, mußte wie die anderen scheitern, da alle vier Ansätze, der handwerkliche, der künstlerische, der nachrichtentechnische und der gesellschaftsbezogene, zwar ihre Berechtigung haben und sogar notwendig sind, wie wir im Verlauf dieser Arbeit sehen werden, jedoch eine Beschränkung auf e i n e n dieser Ansätze nie die gegenseitigen Abhängigkeiten erfassen kann, die zwischen diesen Aspekten bestehen. So bestand immer die Gefahr, daß je nach Ansatz entweder ein guter Handwerker oder ein guter Künstler oder ein guter Informationstheoretiker oder ein guter Gesellschaftstheoretiker im jeweils genau zu spezifizierenden Anwendungsgebiet aus einer solchen Ausbildung hervorgeht, nicht aber gute G e s t a l t e r .

Diese Kritik darf nun aber nicht dazu führen, daß der eine oder andere Ansatz in der Ausbildung fallen gelassen wird, sondern es stellt sich im Gegenteil die Aufgabe, diese vier Aspekte des Grafik-Design zu einem sinnvollen Ganzen in der Ausbildung zusammenzufügen. Nur so erscheint es meines Erachtens möglich, die Aufgabe von ‚Bildung und Ausbildung', wie sie den Fachhochschulen und Hochschulen gestellt ist, die sich aber sinngemäß auch populärwissenschaftlichen Werken stellt, zu lösen.

Mit anderen Worten könnte man es so formulieren: Nicht der ‚gedankenlose Macher' noch der ‚Theoretiker', der nichts machen kann, darf das Produkt einer solchen Ausbildung sein, Ziel ist es vielmehr, den Lernenden in die Lage zu versetzen, mit seinen gedanklichen Fähigkeiten und handwerklichen Fertigkeiten die sich ihm stellenden beruflichen Aufgaben lösen zu können und gleichzeitig diese Arbeit und ihre Ergebnisse als gesellschaftliche Momente auch in ihren Auswirkungen begreifen und verantworten zu können. H. Geipel formulierte dies in seinem Vortrag über die Weiterbildung des Grafik-Designers auf der Jahrestagung des BDG (Bund Deutscher Grafik-Designer) '68 folgendermaßen:

„. . . durch Erziehung und Selbsterziehung Formung der Persönlichkeit, Steigerung des Denk- und Gestaltungsvermögens, Entwicklung eines Verantwortungsbewußtseins und der Kritikfähigkeit für den, der mit kommunikativen Mitteln umgeht." (62, S. 68)

Aufgrund der eigenen Erfahrungen während meines Studiums an der SHfBK Berlin Abt. VI, Fachabt. Grafik-Design, in dem nahezu alle oben kritisierten Ansätze - jeweils für kurze Zeit - verkündet und erprobt wurden, und aus den hierbei gewonnenen Einsichten beschloß ich, mich in meiner Abschlußarbeit für dieses Studium mit diesem Problemkreis - Grundfragen und Grundlagen des Grafik-Design - zu befassen, wobei dies zunächst unter dem Aspekt des Studiums in einer Vorklasse an entsprechenden Instituten geschah.

Um nun nicht in entsprechende Fehler der Überbewertung des einen oder anderen Aspekts, die durch die relativ isolierte Arbeit am Schreibtisch und in der Gemeinschaft mit jeweils speziell ausgerichteter Literatur entstehen könnte, zu verfallen, habe ich während der Arbeit an diesen Problemen zwei Semester in einer Vorklasse bei Herrn Prof. H. C. Suchland an der SHfBK Berlin mitgearbeitet und so wesentliche Teile der vorliegenden Gedanken in der Praxis diskutieren und erproben können.

2. Zielsetzung und Aufbau

Entsprechend der Situation in den Vorklassen der gestalterischen Fach- und Hochschulen ist diese Arbeit zunächst als eine Art Leitfaden in eben diesen Studiengängen gedacht. Aus diesem Grund entstand auch der Teil I dieser Arbeit, in dem versucht wird, einen kurzen Überblick über das umfangreiche, aber nicht genau bestimmte Berufsbild des Grafik-Designers, seine gesellschaftliche Aufgabe und Verantwortung zu entwerfen, was an manchen Ausbildungsstätten nur unzureichend getan wird. Außerdem wird versucht, Anregungen zum Aufbau eines Grafik-Design-Studiums und zur Arbeit in einem solchen zu geben.

Über die Verwendung als Leitfaden in einem Grafik-Design-Studium hinaus erscheint es jedoch auch möglich, mit dieser Arbeit denen, die aktiv oder passiv als Laien an Gestaltung und deren Problemen interessiert sind, neue Impulse für ihre diesbezügliche Beschäftigung zu geben, d.h. die Arbeit ist nicht ausschließlich auf ein Grafik-Design-Studium an einem entsprechenden Institut ausgerichtet.

Teil II versucht, einen schnellen Überblick über die verschiedenen Faktoren der (visuellen) Kommunikation und ihre gegenseitigen Abhängigkeiten voneinander zu geben und ihre Bedeutungen und Auswirkungen im Bereich des Gestaltens aufzuzeigen. Die Ausführungen hierzu werden teilweise äußerst kurz sein, da hier nicht die einzelnen Faktoren untersucht und genau bestimmt werden sollen, vielmehr geht es in diesem Teil darum, den Rahmen der Probleme des Grafik-Design aufzuzeigen, um hierdurch dem Benutzer der Arbeit die Möglichkeit zu geben, im Wissen um die Vielfalt dieser Fragen sein Studium sinnvoll aufzubauen und seine Aufgaben während des Studiums so zu wählen, daß ein größtmöglicher Teil dieser Probleme bearbeitet wird.

In Teil III wird dann der Versuch unternommen, einige ‚gestalterische' Elemente in ihren Daseins- und Funktionsweisen zu erläutern bzw. sie und die ihnen üblicherweise unterstellten Bedeutungen und ihr angebliches Funktionieren in Frage zu stellen. Dabei werden zur Verdeutlichung dieser Fragen und um eventuell Lösungen für die einzelnen Probleme zu finden, Übungen vorgeschlagen und empfohlen.

Mit dieser Form des F r a g e n s wird versucht, die Schwierigkeiten einer schematischen Katalogisierung und Klassifizierung dieser Elemente aufzuzeigen und damit die Notwendigkeit, jedes Element vor und bei seiner Verwendung nach seiner jeweiligen Funktion und seiner Relation zur Gesamtheit einer Darstellung zu befragen, zu begründen.

Die Teilung zwischen den Teilen II und III ist notwendig, da in Teil III versucht wird, auf Einzelprobleme einzugehen, d.h. von dem Abstecken der Grenzen wegzukommen. Im übrigen wäre der Teil III nur ein sehr kleiner Punkt innerhalb des Teils II. Würde er eingeordnet, würde er aufgrund seiner Bedeutung für die Arbeit des Grafik-Designer den Rahmen des Teils II sprengen oder er müßte so drastisch gekürzt werden, daß er insgesamt unterbewertet würde.

Um trotz dieser Teilung die Beziehungen, die zwischen Teilbereichen bzw. Aspekten dieser beiden Teile bestehen, nicht aus den Augen zu verlieren, werden solche Punkte, die im einen Teil schon erwähnt wurden, noch einmal - teils unter denselben, teils unter anderen Aspekten - aufgegriffen. Es werden also zwischen diesen beiden Teilen Überschneidungen, zu einzelnen Punkten auch doppelte Ausführungen, festzustellen sein.

3

Für eine kontinuierliche Arbeit mit diesen Unterlagen, z. B. in einer Vorklasse, in der die Arbeit unter einem gewissen Zeitdruck steht, ist zu empfehlen, diese beiden Teile II und III gleichzeitig nebeneinander zu erarbeiten, so daß zum einen der große Rahmen der (visuellen) Kommunikation aufgebaut und erarbeitet wird, während andererseits auch die gestalterische Grundlagen- und Detailarbeit voll zur Geltung kommt.

3. Zur Gestaltung

Diese Arbeit ist zunächst gedacht als schriftliche Grundlage eines Grundkurses im Bereich Grafik-Design bzw. als Skript für die Studenten eines solchen Kurses, in dem ihnen ein Teil an Grundüberlegungen vorgegeben ist, die von ihnen weitererarbeitet werden können. So haben sie die Möglichkeit, sich an schriftlich Festgelegtem und nicht ‚nur‘ an einmal ‚Gehörtem‘, das sie selbst eventuell nur unvollständig mitschreiben können, zu orientieren. Gleichzeitig soll sie aber auch als eine Unterlage für - an Gestaltung - Interessierte dienen.

Unter diesem Aspekt, aber auch im Hinblick auf den Umfang des hier angesprochenen Komplexes und der daraus zu erklärenden Unmöglichkeit, all die anstehenden Probleme aus allen Blickwinkeln zu beleuchten, kann und soll diese Arbeit weder eine abgeschlossene noch allumfassende, aber auch keine unumstößliche ‚Grundlage‘ sein, sondern sie soll dem Leser die Möglichkeit und den Anreiz bieten, diese ‚Grundlagen‘ durch seine eigene Arbeit zu erweitern - sowohl durch Bestätigungen und Differenzierungen als auch durch Korrekturen der vorgetragenen Überlegungen. Die Form, in der diese Arbeit also angeboten wird, muß dementsprechend offen und variabel gestaltet sein.

Dieser Anspruch läßt sich am ehesten verwirklichen, indem die Arbeit in der Form eines Aktenordners angelegt wird. Es gibt zwar noch andere Möglichkeiten, eine solche Arbeit unter dem Aspekt der Offenheit und Variabilität zu binden wie z. B. mit sogenannten Buchschrauben, doch ergeben sich bei dieser Form Schwierigkeiten, insbesondere beim Umblättern bzw. Aufschlagen, die Seiten liegen nicht völlig plan und auch das Einfügen zusätzlicher Seiten ist nicht ganz einfach.

Unter dem Aspekt, daß der Benutzer der Arbeit auch zusätzliche Seiten mit seinen eigenen Notizen einfügen kann, steht auch die Wahl des Formats der Seiten. Es wäre hierbei nicht sinnvoll, aus ästhetischen oder ähnlichen Überlegungen heraus ein ‚außergewöhnliches‘ Format zu wählen, das vom Leser bei den einzufügenden Seiten nur mit viel Mühe hergestellt werden kann - es muß aus diesem Grund ein ‚gängiges‘, ein normiertes Format gewählt werden. Im vorliegenden Fall wurde deshalb das Format DIN A4 gewählt.

Zur Art der Textanordnung waren folgende Überlegungen ausschlaggebend: Zum ersten: Bei einem Blatt Papier wird zwischen Vorder- und Rückseite unterschieden. Dabei hat die Vorderseite allgemein eine größere Bedeutung als die Rückseite. Bei den Blättern in einem Buch, einer Zeitung oder Zeitschrift besteht darüberhinaus noch die Unterscheidung in eine rechte und eine linke Seite. Dabei liegt zwar die rechte Seite hinter der danebenliegenden linken Seite, aber in der Frage der Bedeutung rangiert auch hierbei immer noch die rechte vor der linken Seite. So sind z. B. die Titelseiten, aber auch oft die Seiten, auf denen ein Kapitel beginnt, rechte Seiten, während den linken relativ unwichtige Mitteilungen, wie das Impressum etc. vorbehalten sind.

Zum zweiten: Bücher werden meist als geschlossene, in sich vollständige Werke verstanden, was im Layout der Bücher noch dadurch unterstrichen wird, daß dem Leser außer dem Lesen nur noch das Unterstreichen ihm wichtig erscheinender Stellen, (räumlich) gestattet wird. Nicht viel anders ist es auch bei den Werken, die dem Leser durch einen relativ breiten Rand die Möglichkeit zu eigenen, aber kurzen Randbemerkungen lassen.

Zum dritten: Da diese Arbeit in erster Linie als Anregung und Anleitung zur Förderung der Eigeninitiative des ‚Studenten‘ innerhalb seines Studiums gedacht ist und weniger als Werk ‚an sich‘, können die oben erwähnten Eigenschaften der Buchgestaltung, nämlich die Geschlossenheit, etc. nicht übernommen werden. Es mußte versucht werden, die Offenheit der gesamten Arbeit auch in der Gestaltung des Textes zu dokumentieren. Dabei sollte auch möglicherweise ein Weg gewählt werden, der die jahrelange Erfahrung der Unabänderlichkeit der gedruckten Texte durchbricht, die Haltung gegenüber solchen Texten verändert.

Aus diesem Grund wurde hier ein neuer, ungewöhnlicher Weg gewählt. Der zur Diskussion und zur Überprüfung angebotene Text des Autors sollte zwar vor den Anmerkungen und Ergänzungen des Lesers stehen, doch sollte er nicht durch ein Umblättern von diesen getrennt sein. Das bedeutet, daß der vorgegebene Text nicht wie bei hektografierten Skripten auf der Vorderseite eines Blattes steht und die dazugehörigen Anmerkungen des Lesers auf der Rückseite des Blattes ihren Platz finden, sondern daß der Text auf der linken Seite und die Ergänzungen rechts auf der danebenliegenden Seite stehen. Damit wird versucht, zugunsten des Nebeneinanders zweier Seiten auf die Rangfolge Vorderseite und dann Rückseite zu verzichten, was allerdings von dem Leser zunächst eine gewisse Umgewöhnung erfordert.

Während also die linke Seite von den Überlegungen des Autors in Anspruch genommen wird, steht die rechte Seite dem Benutzer der Arbeit frei zur Verfügung. Er kann hier seine eigenen, positiven wie negativen Erfahrungen, Erkenntnisse und zusätzliche Arbeitsergebnisse anmerken, einfügen.

Diese Aufteilung hat zusätzlich den Vorteil, daß in Situationen, in denen der Raum einer Seite nicht ausreicht, um all die eigene Arbeit aufzunehmen, ohne Schwierigkeiten zusätzlich Blätter in beliebiger Zahl eingefügt werden können, wobei auch sie dann folgerichtig neben bzw. hinter den entsprechenden Textstellen stehen.

Darüberhinaus hegt der Autor die Hoffnung, daß diese freien Seiten den Leser dazu animieren, diese mit seiner eigenen Arbeit zu füllen, und auf diese Weise ein zusätzlicher Arbeitsanreiz geschaffen wird.

Einzige Ausnahme aus dieser Regelung werden die Seiten sein, auf denen, zur Erläuterung der Übungen, einige Bildbeispiele gegeben werden. Diese Darstellungen werden sich auf der rechten Seite befinden, da sie weder ‚Vor‘-Bilder - im wörtlichen wie im übertragenen Sinne - sein sollen, noch der Maßstab, an dem die eigenen Arbeitsergebnisse, die in diese Arbeit eingeheftet werden, gemessen werden.

Zum Schluß dieses Vorwortes sei noch eine Anmerkung gestattet.

Der Autor dieser Arbeit ist weder ein Psychologe noch ein Soziologe noch Informationstheoretiker etc., er ist nur Grafik-Designer. Er hat sich zwar einige Mühe gemacht, die Probleme, die aus diesen Bereichen stammen, so weit und so gut es ging aus entsprechender

Fachliteratur zu erarbeiten, doch ist es heute kaum noch möglich, alle Literatur bzw. jeweils die ‚richtigen‘ Bücher in diesen Bereichen zu finden. Ebenso ist es möglich, daß aus demselben Grund letzte Erkenntnisse, die irgendwo gefunden wurden, und die wesentliche Hilfe für die Arbeit an den vorliegenden Problemen darstellen könnten, nicht berücksichtigt wurden.

Auch ist der Autor weder ein geborener noch ein gelernter Schriftsteller. Deshalb bittet er um Nachsicht, wo der Stil nicht unbedingt die verständlichste Form angenommen hat. Im übrigen hat er sich bemüht, möglichst ‚deutsch‘ zu schreiben. D. h. er hat versucht, Fremdwörter, soweit es ihm möglich war, durch deutsche zu ersetzen, um damit so verständlich wie möglich zu schreiben. Allerdings läßt sich das nicht immer durchführen, zum einen, da gängige Fachtermini (Fachbezeichnungen), soweit sie im Bereich des Grafik-Design und dem grafischen Gewerbe vorkommen, bekannt sein müssen – sie werden, so gut es geht, im Zusammenhang erläutert – zum anderen, da sich manche Fremdwörter nur unzureichend oder aber nur mit Hilfe einer großen Zahl von deutschen Wörtern ersetzen lassen. Zum dritten dürften aber auch einige Fremdwörter vorkommen, die dem Autor aufgrund seiner intensiven Beschäftigung mit dem einen oder anderen Sachverhalt so selbstverständlich wurden, daß sie sich unbemerkt in den Text einschmuggeln konnten. Sollte aus diesen Gründen das eine oder andere Wort unbekannt bzw. unverständlich sein, so bittet der Autor um Nachsicht und um die Verwendung eines Fremdwörterbuchs bzw. eines entsprechenden Fachwörterbuchs.

Berlin, im Juni 1973

Aufgrund verlegerischer und Kostengründen konnte die ursprüngliche Form der Arbeit nicht beibehalten werden. Deshalb wurde der Text jetzt auf Blocksatz gebracht und die Blätter beidseitig bedruckt. Immerhin wurde ein relativ breiter Rand beibehalten, so daß wenigstens noch Anmerkungen unterzubringen sind.

Im übrigen wurde der Text überarbeitet, die neuere Literatur berücksichtigt und, insbesondere in Teil II, Bildmaterial eingefügt.

Berlin, im Februar 1988

I. Berufsbild und Studium

1. Zum Berufsbild des Grafik-Designers

Die Darstellung des Berufsbildes kann hier nur sehr lückenhaft und provisorisch geschehen, da zur Zeit selbst der Bund Deutscher Grafik-Designer (BDG), also der zuständige Berufsverband, wie es scheint, keine klaren Vorstellungen hierüber besitzt.

Eine Möglichkeit, das Berufsbild des Grafik-Designers zu erfassen, besteht darin, die am häufigsten praktizierten Tätigkeitsfelder des Grafik-Designers aufzuzählen. Hierbei gibt es zwei mögliche Gruppierungsmerkmale, zum einen das des Mediums, dem Träger der Nachricht, das der Grafik-Designer verwendet, und zum zweiten das der Zweckbestimmung der Nachricht.

„1. Medienbezogene Tätigkeiten
Buchgestaltung, Filmgrafik, Fotografik, Anzeigengrafik, Mustergrafik (für Tapeten, Textilien, Vorsatzpapiere), Packungsgrafik, Signetgestaltung, Gestaltung von Zeichensystemen, Kartografie, Prospekt- und Plakatgestaltung, Kalendergrafik, Zeitschriftengrafik, Urkundengrafik.

. . . 2. Zweckbezogene Tätigkeiten
Grafik der Produktwerbung, Grafik der Unternehmenswerbung, didaktische Grafik (lehrhafte Darstellungen), Informationsgrafik (sachlich unterrichtende Darstellungen), Organisationsgrafik (Formulare, Rationalisierungshilfen), Repräsentationsgrafik." (182, S.4/5)

Leider gibt es keine genauen Angaben über das quantitative Vorkommen der verschiedenen Tätigkeiten, so daß genaue Prognosen über die Zahl der Arbeitsplätze und der Verdienstmöglichkeiten in den verschiedenen Sparten auch für die Zukunft nicht gestellt werden können. Trotzdem ist festzuhalten, daß die Arbeit (die Zahl der Angebote) im Bereich der Produktwerbung und Unternehmenswerbung zur Zeit und in naher Zukunft weitaus den größten Teil der grafischen Tätigkeiten ausmacht bzw. ausmachen wird.

Zum anderen muß leider gesagt werden, daß in den Bereichen der didaktischen Grafik - wobei zu fragen wäre, ob dieser Bereich nicht eher pädagogische Grafik zu nennen wäre - und der Informationsgrafik das Arbeitsangebot wesentlich unter dem eigentlich Notwendigen liegt. Hier sieht es nicht anders aus als in den weiteren, meist staatlich-sozialen Bereichen, in denen die Bedeutung der Aufgaben von nahezu niemandem bestritten wird, die auch von den zuständigen Stellen meist unterstrichen wird, für die aber meist zuwenig, oft überhaupt kein Geld zur Verfügung steht.

Für dieses Studium bedeutet das, daß wir zwar in jedem Fall diese Aufgabenbereiche zu beachten haben und, soweit Möglichkeiten und Interesse vorhanden sind, auch bearbeiten sollten, daß aber eine ausschließliche Spezialisierung auf solche Sachprobleme später berufliche Schwierigkeiten, d.h. zu wenig Erfahrung in anderen Sachgebieten, mit sich bringen kann (!). Dieser Hinweis soll keine Propaganda für das Studium der Werbegrafik etc. sein, aber er soll aufmerksam machen auf die augenblicklich bestehenden Gegebenheiten.

Die Auftrags- bzw. Arbeitgeber für den Grafik-Designer kommen aus Industrie, Handel, Dienstleistungsgewerbe, Verlagen, Film, Fernsehen, Behörden, öffentlichen und privaten Institutionen, Werbeagenturen, Ausstellungs- und Grafik-Design-Ateliers. Nur in den seltensten Fällen ist der Grafik-Designer sein eigener Auftraggeber.

In der Aufgabe ist dann auch die von Fall zu Fall unterschiedliche Zielgruppe, d.h. der Teil der Gesellschaft, der durch die Mitteilung angesprochen werden soll, bestimmt.

– Auftraggeber – Medium – Zielgruppe –

Kommunikationskette

in diesem Rahmen hat der Grafik-Designer seine Aufgabe. Diesen Rahmen kann man auch als Kommunikationskette bezeichnen. Kommunikation, das Übermitteln von Nachrichten, ist also der zentrale Begriff, um den sich die Tätigkeit des Grafik-Designers dreht, und den wir hier ein erstes Mal in Kurzform erläutern wollen.

Im Lexikon der Kybernetik schreibt G. Klaus: „Kommunikation: Austausch von Informationen zwischen dynamischen Systemen . . . der Spezialfall, in dem Sender und Empfänger Menschen bzw. Gruppen von Menschen sind . . . Kommunikation dieser Art ist Gegenstand der Kommunikationsforschung . . ." (104, S. 305/6)

Viele Kommunikationsforscher haben versucht, Schemata über das Funktionieren der Kommunikation und die Faktoren einer Kommunikationskette zu entwickeln. Besonders gern bedient man sich dabei der sogenannten Blockschaltbilder. Das sind Funktionsdiagramme, die die Struktur eines Systems grafisch darstellen, wobei von der Struktur der Teilsysteme bzw. Elemente abstrahiert wird. Als Beispiel einer Kommunikationskette, dargestellt in einem Blockschaltbild, soll uns das folgende (nach G. Klaus, 104, S. 306) dienen:

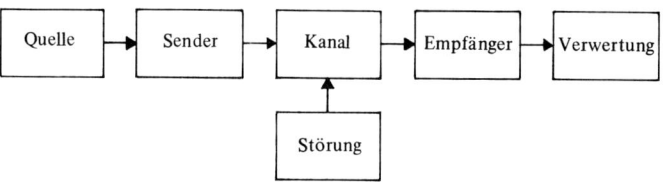

H. Lasswell formuliert diesen Sachverhalt so:

Wer

sagt was

auf welchem Weg

zu wem

mit welcher Wirkung? (61, S. 9)

Für unsere Zwecke ist es sinnvoll, dieses Blockschaltbild bzw. diese Formel noch etwas zu erweitern bzw. zu untergliedern, und zwar im Bereich des Senders bzw. des Empfängers, denn der Sender muß die Nachricht so ‚formulieren‘, daß sie relativ ungestört im Kanal übertragen wird, und der Empfänger muß die Formulierung so auflösen, daß er die Bedeutung und den Inhalt der Nachricht versteht. Dieses Formulieren, ‚Codierung‘ genannt, geschieht also beim Sender vor der Übermittlung der Signale, während die ‚Decodierung‘, die Entschlüsselung der Signale, die erste Aufgabe des Empfängers ist. In der Lasswell'schen Formel bedeutet das, daß wir im Anschluß an das ‚was‘ ein ‚wie, in welcher Form‘ einfügen, während wir vor ‚mit welcher Wirkung‘ ein ‚verständlich?‘ einfügen.

Dieses ‚wie (in welcher Form)‘, also die Codierung von Informationen, unter dem Aspekt der Verständlichkeit, die Frage nach der Möglichkeit des Ent- oder Decodierens durch den Empfänger, ist eine der Hauptaufgaben des Grafik-Designers, wobei das Problem der Codierung in diesem Rahmen nicht nur eine formale, sondern immer auch eine inhaltliche Frage ist, im Gegensatz zu den Problemen der Codierung im Bereich der Nachrichtentechnik. Doch davon soll später ausführlicher die Rede sein.

Zurück zur Definition von Kommunikation. Noch ist dieser Sachverhalt für die gestalterisch-kommunikative Arbeit zu weit gefaßt, zu unbestimmt. Deshalb wollen wir versuchen, ihn weiter zu untergliedern in spezielle Formen von Kommunikation, um so die für uns nicht so bedeutsamen Bereiche aus diesem umfangreichen Komplex ausschließen bzw. zurückstellen zu können.

Die einfachste Form menschlicher Kommunikation ist das Gespräch zwischen zwei Personen. Welches sind nun die wesentlichen Charakteristika eines solchen Gesprächs: Kommunikationsarten

1. der d i r e k t e, unmittelbare und unvermittelte Kontakt zwischen den Gesprächspartnern;
2. die G e g e n s e i t i g k e i t der Kommunikation, d.h., daß beide Partner wechselweise sowohl Empfänger als auch Sender sind. Im Gespräch findet ein dauernder Rollenwechsel statt;
3. der Empfänger der Nachricht ist bekannt bzw. bestimmt. Der Sender weiß, mit wem er spricht. G. Maletzke nennt das p r i v a t e Kommunikation.

Diese drei Kriterien, die Form des Kontaktes, der Verlauf des Kontaktes und die Zielgruppe, sind in ihrer oben spezifizierten Form bezeichnend für die Kommunikationsart ‚Gespräch‘.

Es stellt sich nun die Frage, wie weit diese Eigenschaften in anderen Kommunikationsarten erhalten bleiben bzw. sich verändern. Bei entsprechenden Überlegungen zeigt sich, daß sie durch ihre jeweils entgegengesetzten Eigenschaften ersetzt werden können. D.h.:

statt direkt – indirekt;

statt gegenseitig – einseitig;

statt privat – öffentlich.

Die verschiedenen Arten der Kommunikation können also durch die verschiedenen Kombinationen dieser Eigenschaften definiert werden.

Hierzu einige Beispiele: Der Befehl eines Chefs an seinen Untergebenen, aber auch die Vorlesung eines Professors vor einem Kreis von Studenten ist direkte und private Kommunikation, aber sie ist einseitig – direkte Widerrede bzw. Antworten sind hier nicht möglich bzw. unerwünscht.

Eine Kundgebung ist zwar noch eine direkte Kommunikation, aber sie ist sowohl einseitig, vom Rednerpult herab, als auch öffentlich, wer will, kann kommen.

Indirekt nennt man eine Kommunikation dann, wenn eine räumliche oder zeitliche oder raum-zeitliche Distanz zwischen Sender und Empfänger mittels entsprechender Kanäle zu überbrücken ist. So ist z. B. ein Telefonat sowohl gegenseitig als auch privat, aber indirekt, denn es wird hier durch die Technik des Telefons eine Entfernung überbrückt, die ein direktes Gespräch unmöglich macht. Ebenso ist der Brief eine Form indirekter, privater, aber auch einseitiger Kommunikation.

Massenkommunikation

Die Kommunikation durch Zeitung, Buch, Schallplatte, Rundfunk, Film und Fernsehen ist eine indirekte, einseitige und auch öffentliche. Da sie in diesem Fall eine unbegrenzte Menge von Empfängern hat, wird sie auch Massenkommunikation genannt. In diesem Bereich liegt auch ein Großteil der Aufgaben des Grafik-Designers, weshalb es im Verlauf des Studiums notwendig sein wird, sich mit den Problemen der Massenkommunikation intensiv auseinanderzusetzen.

Die Massenkommunikationsforschung hat sich in den vergangenen Jahren entsprechend ihrer gesellschaftlichen Bedeutung zu einer eigenen, wissenschaftlichen Disziplin entwickelt. Sie versucht, die Macht der Massenmedien - auch die ihrer Besitzer - und den daraus folgenden Einfluß der Massenkommunikation auf die Gesellschaft zu erforschen, denn nur wenn diese Fragen geklärt sind, besteht die Möglichkeit, die Massenkommunikation sinnvoll und verantwortungsbewußt einzusetzen bzw. die Gesellschaft über einen Mißbrauch aufzuklären. Die Erkenntnisse, die hier gewonnen werden, sowohl im psychologischen als auch im soziologischen Bereich, sind also auch für den Grafik-Designer von Bedeutung.

Allerdings ist dieser Komplex zu umfangreich, als daß er in dieser Arbeit auch nur annähernd korrekt abgehandelt werden könnte. Deshalb kann hier nur im Bereich eines Fachhochschul- bzw. Hochschulstudiums auf Seminare, die sich mit diesem Komplex befassen, bzw. auf Bücher wie die von G. Maletzke (126) bzw. D. Prokop (154) und ähnliche zum Eigenstudium hingewiesen werden.

2. Die Aufgaben des Grafik-Designers

Üblicherweise wird die Aufgabe des Grafik-Designers zunächst einmal darin gesehen, daß er Nachrichten in den visuellen Bereich übersetzt und unter ihrem kommunikativen Aspekt gestaltet. D.h. daß er Botschaften, deren Inhalte in der Aufgabenstellung mehr oder weniger exakt definiert sind, und die dann von den zuständigen Fachleuten, gegebenenfalls auch von ihm selbst, soweit notwendig, ausgearbeitet werden, in das im voraus bestimmte Medium, z.B. als Plakat, Anzeige, Prospekt, Film- oder Fernsehspot etc., umsetzt.

Hierbei ist zu beachten, daß nicht der Begriff des Übersetzens sondern der des U m s e t z e n s verwendet wird: Bei der Gestaltung einer Nachricht aus ihrer verbalen Form ins ‚Bild' handelt es sich nicht um ein wörtliches Übersetzen, sondern nur um ein sinngemäßes Übertragen der Nachricht in die Bildsprache, da diese zum Teil andere Eigenschaften besitzt als die verbale Sprache.

Auch im Bereich der verbalen Sprache besteht oft die Notwendigkeit, zu übertragen statt zu übersetzen, und zwar wenn es z.B. darum geht, ein Gespräch schriftlich festzuhalten. So kann z.B. das in einer bestimmten Situation g e s p r o c h e n e Wörtchen ‚aus' nur mit viel Mühe und Können s c h r i f t l i c h in einem Essay oder ähnlichem wiedergegeben werden, denn nun ist es notwendig, all das, was unausgesprochen zu diesem Wörtchen gehört, zusätzlich festzuhalten. Dazu bedarf es der genauen und treffenden Beschreibung, möglicherweise durch einen Schriftsteller; aber auch bei einer solchen Übertragung und Beschreibung werden das gesprochene und das gleiche, geschriebene Wort nie identisch sein.

Ähnliches erleben wir auch bei Theaterstücken. Welch ein Unterschied kann zwischen einem gelesenen und einem gesehenen und gehörten Stück bestehen! In den Regieanweisungen wird zwar versucht, über den Text hinaus Hinweise auf die Gestik und Sprechweise zu geben, doch wie könnte man die Klangfarbe oder die Tonhöhe eines zu sprechenden Wortes, die Akzente und die Melodie eines Satzes ‚eindeutig' schreiben oder beschreiben?

Noch größer ist allerdings der Unterschied zwischen der verbalen und der ‚Bildsprache'. Der bedeutendste Unterschied zwischen den beiden Sprachen ist der, daß die verbale Sprache, auch die geschriebene, eng mit dem Ablauf der Zeit verbunden ist, hier hört, liest oder spricht man ein Wort nach dem anderen. Daher ist es sehr schwer, im verbalen Bereich Gleichzeitiges in dieser Eigenschaft bewußt werden zu lassen, denn Aussprechen läßt sich so etwas nur nacheinander. Demgegenüber ist es die erste Eigenschaft der Bildsprache – mit einer teilweisen Ausnahme des Films etc. – in erster Linie Gleichzeitiges nebeneinander in seinen verschiedenen Korrelationen zu zeigen.

Gerade in dieser Differenz begründet liegt ein wesentlicher Aufgabenbereich des Grafik-Designers, nämlich in der Planung bzw. Darstellung von Problemen, die in erster Linie gleichzeitig nebeneinanderstehen oder ineinandergreifen. Hier, wo das Wort als Informationsträger nicht ausreicht bzw. unzulänglich wird, gilt es, die Bildsprache sinnvoll und ‚richtig' einzusetzen. Beispielsweise kann es vorkommen, daß bestimmte Funktionszusammenhänge erst durch eine bildliche Darstellung, z. B. ein Funktionsdiagramm, sichtbar oder ‚einsichtig' werden. Diese Form der Sprache, auch des Denkens, kann also auch sehr nützlich bzw. sogar wichtig sein beim Lösen bestimmter wissenschaftlicher Probleme oder beim Fällen planerischer Entscheidungen.

Andererseits bedeutet diese Differenz aber auch, daß die Gestaltung einer Information nicht nur ein relativ leicht zu bewältigender Übertragungsvorgang ist, sondern daß der Grafik-Designer das Problem und seine Lösung, die er darstellen soll, erst für sich selbst erarbeiten muß. Aus diesem Grund kann die oben erwähnte Aufgabenverteilung in die des ‚Fachmanns' und die des Grafik-Designers bzw. die theoretische Lösung des Problems und seine Umsetzung nicht einfach festgelegt werden. Soll es zu einer erfolgreichen und fruchtbaren Arbeit kommen, wird eine Zusammenarbeit zwischen diesen beiden zu einer unabdingbaren Notwendigkeit. Es wird zwar immer einige Allround-Könner geben, die diese beiden Funktionen grundsätzlich in sich vereinen, aber ansonsten können wir davon ausgehen, daß es sinnvoll ist, eine solch umfangreiche Aufgabe – sei es eine Werbekampagne oder Lehrmaterial für die Schule – in einer Gruppe (Team oder Kollektiv) zu erarbeiten, wobei man sich gemäß seiner Fähigkeiten sinnvoll ergänzen kann.

Für die Aufgabe des Grafik-Designers heißt das aber, obwohl sein spezieller Auftrag im Bereich der Codierung liegt, also dem Formulieren der Nachricht, daß auch er das ‚Problem', den Inhalt der Nachricht zu erarbeiten hat. Im Prinzip muß er also zwei ‚Probleme' lösen, das des Inhalts und das der Formulierung und Gestaltung des Inhalts.

Für das Grafik-Design-Studium bedeutet das, daß Gestalter ausgebildet werden, die in der Lage sind, Probleme methodisch sinnvoll zu lösen, und diese Ergebnisse wiederum methodisch überschaubar und rationell in den visuellen Bereich umsetzen und gestalten zu können.

3. Die Verantwortung des Grafik-Designers

Die eine Seite der Verantwortung, die der Grafik-Designer trägt, ist selbstverständlich die, dem Auftrag gerecht zu werden. Doch wichtiger als diese Art der Verantwortung – ihr gerecht zu werden, bildet in den meisten Fällen die Grundlage der Existenz – ist das Bedenken und Reflektieren des eigenen Tuns im Hinblick auf seine gesellschaftliche Relevanz bzw. seine Auswirkungen auf das Leben der Gesellschaft. Dabei spielen für den Grafik-Designer über die allgemein diskutierten gesellschaftskritischen Fragen hinaus auch diejenigen eine Rolle, die sich aus den speziellen Funktionen und Eigenschaften der Zeichen und der Kommunikationskanäle, die er verwendet und wie er sie verwendet, ergeben.

Vance Packard beschreibt in seinem Buch ‚Die geheimen Verführer‘ die ‚persuasive‘ Kommunikation in ihrer negativen Ausführung des Überredens bzw. ‚Beschwatzens‘ des Empfängers, des Manipulierens von Meinungen und des Aufdrängens von ‚Bedürfnissen‘ durch den ‚richtigen‘ Gebrauch von Zeichen (Slogans etc.). Auch G. Klaus stellt in seinem Buch ‚Die Macht des Wortes‘ fest, daß der ‚richtige‘ Gebrauch von Zeichen, unter der Berücksichtigung der Regeln der Syntaktik, der Semantik und Pragmatik, nichts über die Wahrheit der Nachricht aussagt, ebensowenig wie über die Nützlichkeit oder Parteilichkeit dieser Aussagen für den Menschen oder die menschliche Gemeinschaft. Deshalb ist es wichtig, daß der Grafik-Designer seine Arbeit auch unter diesem Aspekt prüft, wobei er allerdings Entscheidungen über die Annahme oder Ablehnung eines Auftrags nur aufgrund ethischer Normen oder Forderungen bzw. aufgrund von eigenen Einsichten und Vorstellungen über die Gesellschaft und ihre Entwicklung treffen kann.

Unter diesem Aspekt ist es meines Erachtens unverantwortlich, ein solches Studium auf eine sogenannte ‚praxisbezogene‘, d.h. eine rein handwerklich-technologische, technokratische Ausbildung zu beschränken. Vielmehr muß dieses Studium dem späteren Grafik-Designer auch Einsichten in die gesellschaftliche Situation, ihre verschiedenen Faktoren und deren Zusammenhänge und ihre Entwicklungsmöglichkeiten mittels philosophischer, psychologischer, soziologischer, ökonomischer und ähnlicher gesellschaftstheoretischer Exkurse (Seminare etc.) ermöglichen, die es ihm gestatten, seinen eigenen Standpunkt in diesem System zu finden, und ihm Erkenntnisse und Kriterien an die Hand geben, nach denen er Aufträge nicht nur nach ihrem Honorar, sondern auch nach ihrer gesellschaftlichen Relevanz, dem Nutzen oder Schaden, den sie den Menschen oder der Gesellschaft zufügen können, beurteilen kann.

4. Zur Arbeitsweise

Wie in Kapitel 2 schon erwähnt wurde, besteht die Aufgabe des Grafik-Designers praktisch aus zwei ineinandergreifenden Teilen, er hat zwei ‚Probleme' zu lösen.

Zuerst muß er den Inhalt der zu übermittelnden Nachricht, eventuell mit Hilfe von entsprechenden Fachleuten, erarbeiten, bevor er sie, entsprechend der kommunikativen Bedingungen, in ihre endgültige visuelle Form codieren, umsetzen kann.

Welche Methoden kann es nun geben, um ein ‚Problem' zu lösen? Das Wörterbuch der Psychologie (49) definiert den Begriff des ‚Problemlösens' folgendermaßen: „Allgemeine Bezeichnung für eine Art des Denkexperiments, in dessen Verlauf Tier oder Mensch mit einer neuartigen und komplexen Situation konfrontiert werden, in der ein bestimmtes Ziel (. . .) nur durch eine relativ neuartige Kombination von Erfahrungen oder eine durch Überlegen gefundene Synthese erreicht werden kann. . . . bei dem aus einer Anzahl von Möglichkeiten des Handelns oder Nachdenkens diejenige ausgewählt werden muß, die zum Ziel (zur Lösung) führt." (49, S. 209) — *Problemlösen*

Hier nun die Beschreibung einer Methode, mit der Probleme gelöst werden könnten: Wenn das Problem begrifflich bestimmt ist, könnte die weitere Arbeit etwa folgendermaßen verlaufen:

1. Zuerst wird das Problem exakt von seinem Umfeld ab- und eingegrenzt. Dabei kann es wichtig sein, auch seine Korrelationen und die Abhängigkeiten zum Umfeld zu erfassen, um eine spätere Lösung auch in dieser Hinsicht überprüfen zu können. — *Abgrenzung*

2. Die zweite Aufgabe besteht dann darin, die allgemeinen Strukturen des Problems, d. h. diejenigen, die denen vergleichbarer Sachverhalte entsprechen, zu analysieren. — *allgemeine Struktur*

3. Anschließend sollten die speziellen Strukturen, also die, die ausschließlich auf dieses spezielle Problem zutreffen, analysiert werden. — *spezielle Struktur*

4. Aus diesen Analysen und aus Experimenten, die aufgrund dieser Analysen durchgeführt wurden, werden Erkenntnisse gewonnen, die dann in einer Synthese zusammengefaßt werden. — *Synthese*

5. Diese Ergebnisse sollten dann in der Praxis erprobt werden, wobei sie sich dann als falsch oder richtig erweisen. Je nachdem kann die Arbeit abgeschlossen werden oder sie muß neu aufgenommen werden. — *Erprobung*

So könnte das Problemlösen, besonders unter dem Aspekt der Wissenserarbeitung aussehen, also das Lösen ‚inhaltlicher' Probleme. Nun stellt sich jedoch dem Grafik-Designer nicht nur dieses Problem, sondern in noch größerem Maße das, dieses erarbeitete Wissen so zu formulieren, daß es für einen bestimmten Adressaten verständlich, interessant und einleuchtend wird. Unter diesem Aspekt muß sich auch der Prozeß des Problemlösens mehr oder weniger verändern.

Er könnte z. B. folgendermaßen aussehen:
Bearbeitung des i n h a l t l i c h e n Problems
1. Abgrenzung
2. Analyse der allgemeinen Strukturen
3. Analyse der speziellen Strukturen
4. Synthese der Erkenntnisse
5. Modifikation des Ergebnisses im Hinblick auf die Verwendung und die Zielgruppe

13

Bearbeitung des g e s t a l t e r i s c h e n Problems unter Berücksichtigung der Ergebnisse des inhaltlichen Problems.

    1. Wahl des Mediums

       a) Analyse der allgemeinen Strukturen und Möglichkeiten des Mediums

       b) Analyse der speziellen Möglichkeiten des Mediums im Sinne dieser speziellen Nachrichtenübermittlung

       c) Rückkopplung; Überprüfen der modifizierten (?) Ergebnisse aufgrund der festgestellten Möglichkeiten des Mediums

    2. Bestimmung der gestalterischen Elemente und ihrer ‚Organisation'

       a) Feststellen der durch die Aufgabe bzw. vom Auftraggeber bestimmten gestalterischen Auflagen

       b) Bestimmen der zusätzlich frei zu wählenden gestalterischen Elemente

       c) Rückkopplung; Überprüfen der bisherigen Ergebnisse im Zusammenhang mit den Möglichkeiten dieser Elemente

    3. Die Synthese aus 1 und 2 ergibt die Gestaltung

visuelle Lösung

In dieser verbalen Beschreibung wird allerdings nicht so deutlich, daß die verschiedenen Erkenntnisse und Ergebnisse, die im Verlauf dieses Problemlösens gefunden werden, immer abhängig voneinander sind. D. h. es gibt zwar eine ideale Lösung des inhaltlichen Problems in einer begrifflichen Form, aber mit jedem darüber hinausgehenden kommunikativen Faktor kann diese ideale Lösung modifiziert werden müssen. Dementsprechend kann es in diesem Bereich keine absolute, unumstößliche oder einzig richtige visuelle Lösung geben, sondern sie wird abhängig sein von der Wahl der gestalterischen Elemente, der Medien etc. und wird je nachdem aufgrund der Verständlichkeit und anderer kommunikativer Aspekte eine erweiterte oder verkürzte, vereinfachte Form der inhaltlichen Problemlösung sein.

In der nebenstehenden Grafik wird versucht, diese Zusammenhänge noch einmal zu verdeutlichen.

Dieses Schema soll noch an einem Beispiel erläutert werden:
Es sei eine Schallplattenhülle zu einer bestimmten Musik zu entwerfen.

inhaltliches Problem

Inhaltliches Problem in dieser Aufgabe ist hier die Frage, welche Aufgabe diese Musik hat, welche Informationen sie übermitteln will etc. Eine Analyse dieser Musik soll uns sagen, welche Informationen wir dem möglichen Käufer dieser Platte über die Musik, aber auch eventuell über die Interpreten etc. mitteilen können.

Medium

Das Medium ist schon durch die Aufgabe bestimmt, es ist eine Schallplattenhülle. Nun gilt es als erstes zu klären, welche Funktionen dieses Medium erfüllt, z. B. als Verpackung eine Schutzfunktion und in seiner bedruckten Form eine Signalfunktion etc. Dem wird die Analyse der speziellen Möglichkeiten des Mediums folgen, das bedeutet in diesem Fall die Erörterung der Funktionen und Aufgaben dieser Plattenhülle, sowohl in Bezug auf die anzubietende Musik als auch in Bezug auf den Adressaten.

gestalterische Elemente

Auf der anderen Seite wird festzustellen sein, welche gestalterischen (grafischen) Elemente durch den Auftraggeber bzw. die Aufgabe selbst zwingend gegeben sind, wie z. B. das Format, die Art des Druckes, die Anzahl der Farben, das Markenzeichen und anderes.

14

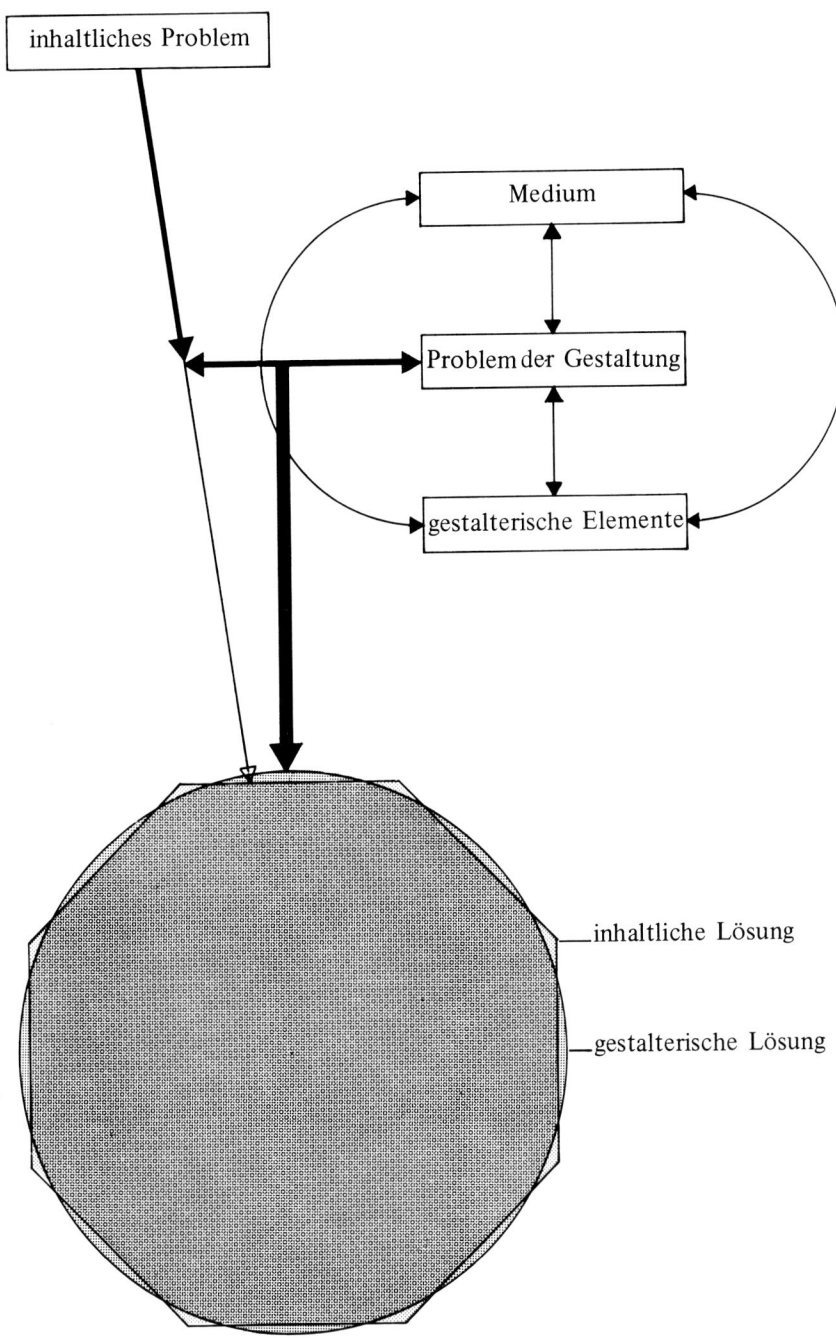

inhaltliches Problem

Medium

Problem der Gestaltung

gestalterische Elemente

inhaltliche Lösung

gestalterische Lösung

Dann kann die Auswahl der weiteren Bestimmungsstücke, der grafischen Elemente, der Produktions- und Reproduktionstechniken, einsetzen.

Die bis jetzt aufgeführten Punkte der Problemlösung sind allerdings weder grundsätzlich in dieser Reihenfolge zu erarbeiten, noch dürfen sie als voneinander isolierte Stationen auf dem Weg zu einer Lösung angesehen werden, denn sie beeinflussen sich gegenseitig.

Gestaltung
Die Synthese, das Zusammenfügen und Ordnen aller bis zu diesem Zeitpunkt erarbeiteten Erkenntnisse und der ausgewählten gestalterischen Elemente ist der Vorgang der Gestaltung.

Ein solch methodisches Vorgehen führt in der Regel dazu, daß eine mehr oder weniger - meist aber mehr - zufriedenstellende Gesamtlösung für das anstehende Problem gefunden wird, da es systematisch alle in Frage kommenden Aspekte der Aufgabe berücksichtigt. Dabei schließt dieses Vorgehen keineswegs, wie mancher befürchten könnte, den ‚schöpferischen Funken‘, die Intuition oder den genialen Einfall aus. Vielmehr vergrößert sich die Möglichkeit, zu solch einem ‚Funken‘ zu gelangen, denn ein solcher Einfall wird in den seltensten Fällen nur einfach ‚da‘ sein, viel eher entsteht er nach intensivem Bedenken und sich Beschäftigen mit dem Problemfeld.

Intuition
Oft löst sich dieser ‚Funke‘ erst nach einer ‚Denkpause‘ aus dem Mitbewußten, dem - wie H. Rohracher sagt - was man weiß, ohne daß man denkt, daß man es weiß. Das bedeutet, daß die im Gehirn gespeicherten Erkenntnisse und Daten eines Problemfeldes auch dann noch miteinander konfrontiert werden, wenn äußerlich eine Pause eingelegt wird, wobei sich dann in diesen Konfrontationen und Kombinationen die - selbstverständlich - richtige Lösung ergeben kann.

Nicht sinnloser Fleiß, aber auch nicht gedankenloses Warten gehört zu ‚großer, genialer Leistung‘, sondern ein intensives, ‚bedachtes‘ Arbeiten. Zu welchem Zeitpunkt dann aber bzw. ob dieser Funke überhaupt springt, das kann nach solchen Überlegungen weder vorausgesagt noch garantiert werden.

Protokoll
Für diese Art des Arbeitens ist eines sehr wichtig: nämlich das schriftliche Festhalten der einzelnen Arbeitsgänge und der dabei jeweils gewonnenen Erkenntnisse bzw. Ergebnisse. Ein solches Protokollieren ermöglicht erst eine wirkliche Kontrolle des Arbeitsprozesses. Nur so können wir genau feststellen, wo unnütze, falsche oder zeitraubende Wege gegangen wurden oder wo Überlegungen oder Untersuchungen etc. fälschlicherweise unterlassen wurden. Solche Hinweise sind jedoch von großem Wert für die Verbesserung dieser und der folgenden Arbeiten und Arbeitsweisen.

Darüber hinaus sollte auch insbesondere während des Studiums protokolliert werden, wo die Kenntnisse, Fähigkeiten oder Fertigkeiten nicht ausgereicht haben, um der gestellten Aufgabe gerecht zu werden. Ebenso sollte festgehalten werden, welche Aspekte einer Aufgabe (eines Problemfeldes) nicht oder nur unzureichend beachtet wurden einschließlich der dazugehörenden Begründung wie z. B. fehlende Kenntnisse, zu umfangreiche Aufgabenstellung oder eine spezielle Interessenlage. Solche Notizen können dann für das weitere Studium Hinweise sein, wo noch ‚Lücken‘, welcher Art auch immer, zu schließen sind. Diese Form der (Selbst-)Kontrolle wird wesentlich zum Erfolg des Studiums beitragen, ja, sie wird ein sinnvolles Studium und ein entsprechendes Entwickeln der eigenen Fähigkeiten, Fertigkeiten und des Wissens erst richtig ermöglichen.

II. Grundlagen der Kommunikation

Kommunikationsschemata

Bevor wir uns mit den verschiedenen informationstheoretischen Modellen der Kommunikation beschäftigen, ist es notwendig zu wissen, daß aufgrund verschiedener Forschungsansätze, die in diesem Bereich möglich sind, einige Zentralbegriffe wie z.B. Information, Zeichen, Signal, mit relativ unterschiedlicher Bedeutung gebraucht werden. Das bedeutet für ein Studium in diesem Bereich, daß beim Gebrauch von Fachliteratur zuerst die Bedeutung dieser Begriffe gemäß ihrem jeweiligen Forschungsansatz geklärt werden muß. In dieser Arbeit wird versucht, diese Begriffe möglichst ‚eindeutig‘ zu verwenden; wo das nicht möglich sein sollte, wird das angemerkt.

Schon der Begriff der Kommunikation wird nicht wirklich eindeutig gebraucht. So heißt es im Wörterbuch der Psychologie unter ‚Kommunikation‘: „Allgemeine und umfassende Bezeichnung für Prozesse, die einen Sender (...), Empfänger (...), einen Kommunikationsmodus oder -kanal (...), eine (...) Botschaft oder Nachricht (...) und eine auf Empfang erfolgende Verhaltensänderung oder allgemein einen Effekt gleich welcher Art als analytische Einheiten aufweisen." (49, S.157/58) **Kommunikation**

Im Wörterbuch der Philosophie von G.Klaus steht dagegen folgendes: „1. Austausch von Nachrichten zwischen Menschen." Dann erst verweist er auf die erfolgte Ausweitung des Begriffs: „Kybernetik und Informationstheorie haben den Begriff des Austausches von Informationen wesentlich erweitert. ... In diesem allgemeineren Rahmen versteht man darunter vielmehr jeden Austausch von Informationen zwischen dynamischen Systemen ..." (102, S.585)

Die Erforschung des ‚Spezialfalls‘ der Kommunikation, nämlich der menschlichen, wird allgemein als Kommunikationsforschung bezeichnet. Sie ist als neue wissenschaftliche Disziplin eine Synthese aus allgemeiner Sprachwissenschaft und Informationstheorie. **Kommunikationsforschung**

Die Informationstheorie versucht dabei, als mathematische Theorie die Elemente und Ereignisse aus dem Bereich der Kommunikation und Regeltechnik systematisch zu erfassen.

Anhand einiger Blockschaltbilder (Funktionsdiagramme), die in der Informationstheorie bzw. Kommunikationstheorie entwickelt wurden, wollen wir uns die verschiedenen Problemkreise der Kommunikation und ihre Funktionsweise verdeutlichen, die für unsere Arbeit als Grafik-Designer und damit auch für unser Studium von Bedeutung sind.

Einfachstes Beispiel einer Kommunikation ist die einseitige Kommunikationskette (Darstellung nach Meyer-Eppler, 134):

Bei einer zweiseitigen Kommunikation, z.B. einem Gespräch, sieht dieses Schema dann folgendermaßen aus:

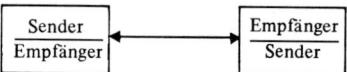

Diese Form der Kommunikation können wir allerdings bei unseren weiteren Betrachtungen außer Acht lassen, da ein solcher Dialog in der visuellen Kommunikation praktisch nicht vorkommt.

Unser erstes Schema ist nun auf unterschiedliche Art und Weise erweitert und differenziert worden, d.h. die einzelnen Teilsysteme wurden untergliedert und strukturiert. Eines dieser Beispiele haben wir schon auf Seite 8 im Kapitel über das Berufsbild erwähnt:

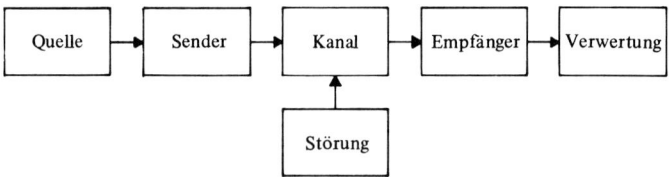

Dieses Schema zeigt, daß man zwischen dem Entstehen und dem Senden, also dem Sender und der Informationsquelle, und dem Empfang und der Verwertung einer Nachricht unterscheiden kann, in manchen Fällen sogar unterscheiden muß.

Weitere Begriffe, die man in dieses Schema einfügen kann, sind folgende: Codierung, Decodierung und die Zeichenrepertoires, sowohl des Senders als auch des Empfängers. Das Schema erhält dann folgendes Aussehen:

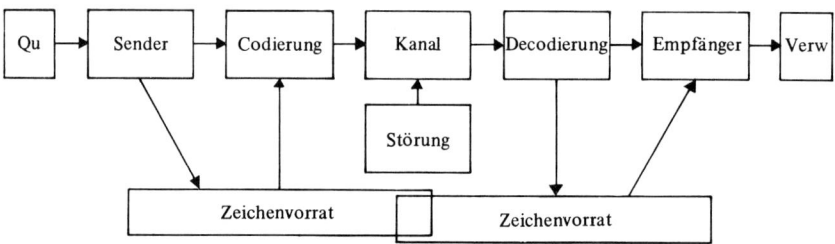

Dieses Schema besagt dann, daß eine Information von der Informationsquelle zum Sender gelangt. Dieser stellt sie mittels seines Zeichenrepertoires, das man auch Code nennen könnte, dar, er codiert sie. Die Zeichenreihen, die hierbei entstehen, werden dann über einen Kanal (ein materielles Medium wie die Telefonleitung oder das Papier des Plakats), der im

Prinzip immer durch Störungen beeinflußt ist, zum Empfänger gesendet, wo sie anhand des Zeichenvorrats decodiert, entschlüsselt werden. Danach sollte eine wie auch immer geartete Reaktion, Verwertung erfolgen.

Dieses Schema einer Kommunikationskette soll die Ausgangsbasis für unsere weitere Arbeit sein. D.h. wir wollen die verschiedenen Teile dieser Kette kennenlernen, ihre Strukturen und Funktionen entdecken, soweit sie für unsere Arbeit wichtig sind, und auch herausfinden, welche Glieder dieser Kette die gestalterische Arbeit einschränken bzw. wie sie in dieser Arbeit berücksichtigt werden müssen.

1. Der Sender

Im Bereich der Informationstheorie ist dieser Begriff außerordentlich verallgemeinert worden. Er bezeichnet dort jedes Teilsystem eines Kommunikationssystems, das eine Information an einen Kanal weitergibt. Dabei ist für den Informationstheoretiker nur von Interesse, wie groß die Menge der abgegebenen Information ist, während der Sender als solcher ohne Belang ist.

Wie wichtig die Frage nach dem Sender in der menschlichen Kommunikation in Bezug auf die Wirksamkeit der Information sein kann, beweist ein in den sechziger Jahren in den USA durchgeführtes Exerpiment. In diesem wurde einer Reihe von amerikanischen Bürgern ein Teil der amerikanischen Unabhängigkeitserklärung vorgelesen mit dem Hinweis, der Autor dieses Textes sei W. I. Lenin. Dies genügte diesen Bürgern, um den Text sofort und ohne weiteres Nachdenken zu einem typisch kommunistischen, bösen Machwerk zu erklären.

Für die Wirksamkeit einer Nachricht ist also der Sender, seine Persönlichkeit und auch seine ‚Glaubwürdigkeit‘, sein vermeintlicher oder tatsächlicher politischer Standort und anderes mehr von Bedeutung.

Aber auch in anderer Hinsicht müssen wir uns noch mit dem ‚Kommunikator‘ beschäftigen, denn von ihm ist es abhängig, welche Informationen ausgewählt und übermittelt und welche als unwichtig bezeichnet und deshalb zurückgehalten werden. Von der ‚Struktur‘ des menschlichen Senders, seinen sozialen Beziehungen, seinem Selbstverständnis und seinen Interessen hängt es ab, was anderen mitgeteilt wird.

Vier Plakate zum selben Thema „Umwelt“ im Wahlkampf ’85 von vier verschiedenen Sendern.

2. Der Empfänger

Die Definition für den Empfänger lautet in der Informationstheorie etwa so: „Glied einer Kommunikationskette, das die Funktion der Aufnahme der von einem Sender emittierten Information hat. Empfänger von Informationen können Menschen, Tiere, technische Systeme usw. sein. . . . (Es) wird . . . die Funktion des Empfängers durch die Rezeptoren ausgeübt. In der Kommunikationstheorie, die den Informationsaustausch zwischen Menschen, Menschengruppen usw. vermöge der natürlichen Sprache untersucht, wird der Empfänger häufig als Perzipient bezeichnet." (104, S. 174)

Diesen Begriff ‚Perzipient‘ werde ich jedoch nicht verwenden, und zwar aus folgendem Grund: In den Wahrnehmungstheorien wird seit G. W. Leibniz die Wahrnehmung in zwei Teile unterteilt, zum ersten in die Perzeption und zum zweiten in die Apperzeption.

Dabei ist die Perzeption der Teil der Wahrnehmung, in dem die durch die Sinnesorgane aufgenommenen Informationen den Projektionszentren des Großhirns übermittelt werden, also die noch nicht bewußte Wahrnehmung, aus der dann Teile im Gehirn bewußt gemacht werden. Dieser Teil der bewußten Wahrnehmung wird dann Apperzeption genannt. Die Perzeption ist also die Voraussetzung für die Apperzeption.

Nun besteht zwar die Möglichkeit, den Empfänger, unterteilt in einzelne Teilfunktionen wie die Apperzeption und Perzeption bzw. in Teilsysteme wie die verschiedenen Sinnesorgane, zu betrachten, aber ich halte es in unserem Fall für sinnvoller, die Wahrnehmung des Menschen zunächst als eine Ganzheit, als Gesamtkomplex zu betrachten. Deshalb werde ich mich auch der Begriffe ‚Empfänger‘ oder ‚Rezipient‘, der auch im englischen hierfür verwandt wird, bedienen.

Da die Funktion des Empfängers, das Wahrnehmen, für den Gestalter von besonderer Wichtigkeit ist, da er seine Aufgaben so zu lösen hat, daß sie von dem Adressaten auch wirklich wahrgenommen werden, wollen wir uns an dieser Stelle ausführlicher und intensiver mit diesen Problemen beschäftigen als mit den vorangegangenen.

Perzeption

Apperzeption

2.1. Einsichten in Probleme der visuellen Wahrnehmung

Der Autor spricht hier bewußt nur von Problemen und nicht von ‚den‘ Problemen der Wahrnehmung, da es ihm nicht möglich ist, alle Aspekte der Wahrnehmung auch nur aufzuzählen, geschweige denn zu erläutern. So beschäftigen sich Philosophen, Psychologen, Soziologen, Physiologen, Mathematiker und Nachrichtentechniker jeweils mit Teilbereichen der Wahrnehmung, wobei zu fragen ist, ob diese Aufzählung vollständig ist.

Trotz der Fülle der Probleme wird es aber unsere Aufgabe sein, uns so umfassend wie möglich über die Vorgänge und Funktionsweise der Wahrnehmung zu informieren, um später die Nachrichten, die wir übermitteln wollen, so verständlich wie möglich machen zu können.

2.1.1. Der Mensch in seiner Organisation

Beginnen wir mit der Betrachtung des Menschen und seiner Organisation. Alle Glieder und Organe, die verschiedenen Teile des menschlichen Organismus', arbeiten für- und miteinander. Fällt ein Teil aus, so stellen sich die anderen darauf ein, zum Teil versuchen sie sogar, seine Funktionen mit zu übernehmen (siehe 96, S. 151/52).

Diese Kooperation ist auch zwischen Körper und Geist zu beobachten. So wurden in der Psychosomatik, einer medizinischen Disziplin, diese Beziehungen zwischen körperlichen und psychischen Erscheinungen untersucht, und man fand dabei, daß z. B. Asthma, Allergien, Magen- und Darmgeschwüre ihre Ursprünge auch in psychischen Fehleinstellungen haben können.

Ebenso ,operieren' unsere Sinnesorgane nicht unabhängig voneinander. So ist allgemein bekannt, daß ein ,schön' angerichtetes Essen besser schmeckt als eines, das in alten, verschmierten Kochtöpfen serviert wird, das Auge ißt mit. Ebenso haben wir sicher alle schon einmal die Erfahrung gemacht, wie störend und verwirrend eine schlechte Synchronisation beim Filmbesuch wirkt, wenn das Gesehene mit dem Gehörten nicht mehr in Einklang zu bringen ist.

Insgesamt können wir festhalten: der Mensch ist in seiner Existenz ein untrennbares Ganzes.

2.1.2. Einige allgemeine, grundlegende Gedanken über den Wahrnehmenden und Wahrnehmung

Ausgehend von dem Gedanken, daß der Mensch als körperlich-geistige Einheit, Ganzheit existiert, können wir behaupten, daß in der Wahrnehmung das Subjekt, der wahrnehmende Mensch, immer selbst Teil des Wahrgenommenen ist.

Schon die anatomischen Gegebenheiten im Bereich des Auges machen dies deutlich, denn in jedem Augenblick wird das Bild, das sich auf der Netzhaut des Auges abzeichnet, von der Augenbraue, dem Jochbein und der Nase begrenzt, wie es das Bild von E. Mach, einem Physiker des 19. Jahrhunderts, zeigt und wie wir es, so aufmerksam gemacht, auch ohne Schwierigkeiten an uns selbst feststellen können. Wir sehen also immer unseren Körper mit. (Bildbeispiel S. 23 oben: 135, S. 142/43)

Aber auch ohne daß man den Körper sieht, ist man sich der Lage, in der er sich befindet, ob man sitzt, liegt oder steht, bewußt. Das gleiche gilt auch für Stimmungen und ähnliches. All das ist Teil der Wahrnehmung, d. h. es gibt kein ,reines', geistig-abstraktes Subjekt.

Daraus resultiert, daß die wahrgenommene Welt nicht eine ,bloß gegenüberstehende' Welt ist. „Wir haben es vielmehr mit einer den Wahrnehmenden im doppelten Sinn des Wortes um- und einschließenden Welt zu tun: mit einer Welt, einschließlich des selbst schon unmittelbar wahrnehmungsmäßig weltlichen, weil innerweltlichen Wahrnehmenden!" (112, S. 54)

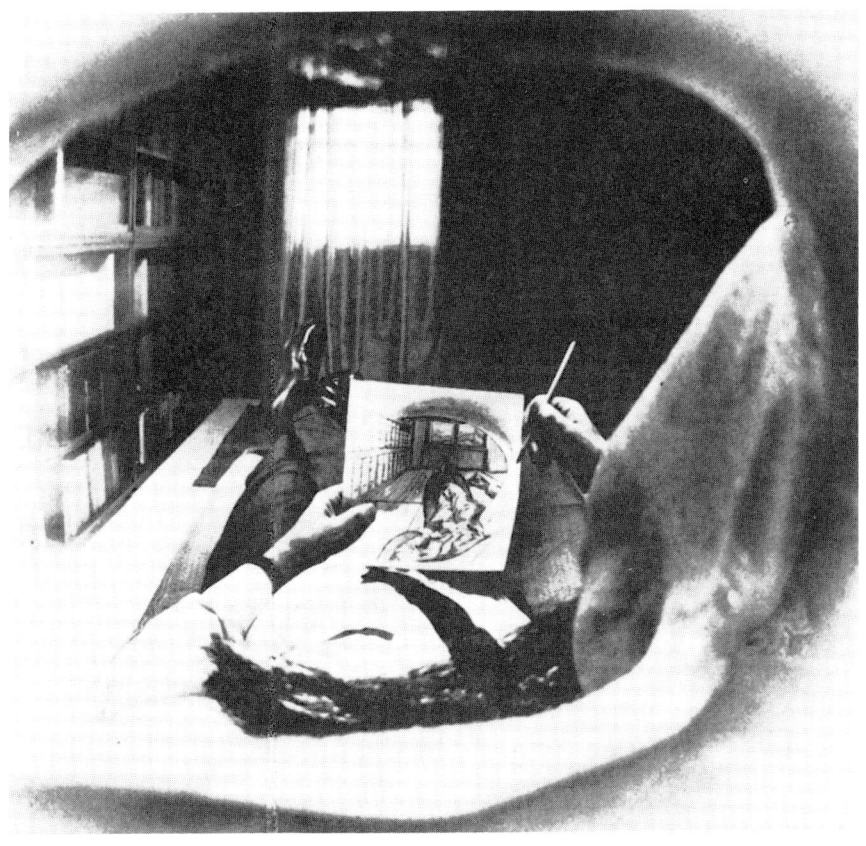

Weiterhin ist es wichtig, daß es wohl kaum einmal eine ‚reine' Wahrnehmung gibt. Meist wird Wahrnehmung durch Erfahrung und Rückbeziehung illusionistisch ausgestaltet.

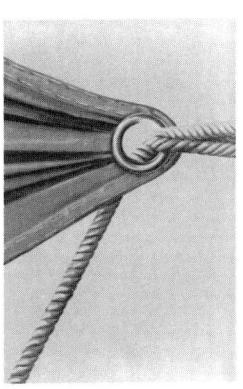

Maßstab 1:1

Maßstab 1:20

Maßstab 1:400

Maßstab 1:5000

Maßstab 1:80000000

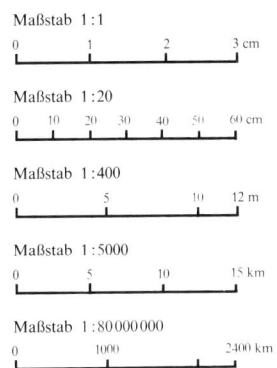

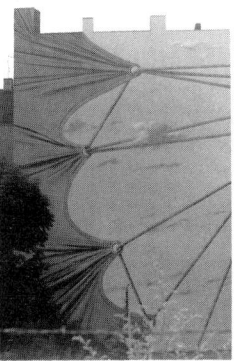

Außerdem ist Wahrnehmung nie eine begrenzte, punktuelle Aktion des Wahrnehmenden, sondern sie zieht sich ‚unter‘ allen Akten (Handlungen) hindurch, ist mit allen Akten verflochten als basales, grundlegendes Element. Sie ist also auch nicht abschaltbar.

E. Rauschenbach

Wenn es aber keine abgeschlossene Wahrnehmung gibt, gibt es auch nicht die Möglichkeit, nur e i n e n Gegenstand in meinem Gesichtsfeld wahrzunehmen und sonst nichts. Denn um ein geschlossenes Ganzes zu sehen, muß ich auch seine Grenze und das, von dem es sich abgrenzt, sehen. Wenn ich also aus dem Fenster schaue und das vor dem Haus parkende Auto sehen will, ist nicht ‚nichts‘ um dieses Auto herum, sondern ich sehe auch mehr oder weniger bewußt die Straße, die Bäume daneben, das Fenster und auch mich, der ich gemütlich im Sessel sitze. Das Feld des Wahrgenommenen ist also erheblich größer als der aufmerksam betrachtete Blickpunkt oder die ca. 10°-15°, in denen das Auge ein optimal scharfes Bild abbildet. Zwar können wir mit viel Konzentration die Peripherie des Gesichtsfeldes nahezu außer Acht lassen und nur das Zentrum des Blickfeldes fixieren, aber schon geringe Störungen, außergewöhnliche oder unerwartete Geschehnisse können diese Konzentration zerstören und damit die Gesamtheit des Gesichtsfeldes wieder voll bewußt werden lassen.

24

Zusammengefaßt heißt das: Ein wahrgenommenes Ding ist nie allein und unbeeinflußt von Benachbartem da, sondern es wird darüber hinaus immer eine Fülle von anderem, einschließlich dem Betrachter selbst, mit wahrgenommen, wobei das ‚Unwichtige‘ sich in der Peripherie, das ‚Wichtige‘ sich im Zentrum des Wahrgenommenen befindet.

Für uns als Übermittler von Nachrichten besteht die Aufgabe, diese Nachrichten so zu gestalten, daß sie aus der Peripherie des wahrgenommenen Feldes in das Zentrum der Wahrnehmung, nämlich den Bereich, in dem das Wahrgenommene aufmerksam in den Griff genommen wird, gelangen.

2.1.3. Ein Versuch, Wahrnehmen in konkreten Situationen zu beschreiben

Ich stehe in einer Straße in einer Stadt. – Damit ist schon gesagt, daß die erste Wahrnehmung den gesamten Komplex ‚Straße‘ umfaßt. Dazu gehört, daß ich (noch nicht einzeln bestimmte) Gegenstände und Vorgänge sehe, Geräusche höre und Gerüche schmecke. Alle diese wahrgenommenen Details ergeben zusammen das ‚Bild‘ Straße.

Doch im selben Augenblick schon beginne ich, alle diese Eindrücke zu ordnen, zu gliedern und zu differenzieren. So wird z. B. aus der Gesamtheit ‚Straßenlärm‘ das Hupen der Autos, das Quietschen der Reifen und Bremsen und das Schreien der Kinder. Auf diese Weise ergeben sich neue Ganzheiten, die sich einerseits aus dem Gesamtbild lösen, die aber trotzdem weiterhin Teilaspekte des Eindrucks ‚Straße‘ bleiben.

Ebenso gliedert sich die Häuserfront. Die Fassaden werden nicht mehr nur als Begrenzung des Straßenraums, sondern als einzelne, voneinander zu unterscheidende Hauswände, die, jede für sich, wiederum als Teil des dahinter liegenden Hauses verstanden wird, gesehen.

In dieser Form gliedern wir auch die weiteren Gerüche, Geräusche und optischen Eindrücke. Dieses Ordnen ist ein zeitlicher Vorgang, da das Gehirn nur eine begrenzte Anzahl an optischen, akustischen und haptischen Reizen ‚im Moment‘, d. h. in einem Augenblick, bewußt erfassen und verarbeiten kann. Es ist also genötigt, das – immer zu große – Reizangebot, das kontinuierlich von den Sinnesorganen aufgenommen wird, nacheinander zu verwerten bzw. aus diesem Reizangebot jeweils einen Teil auszuwählen. Diese Auswahl erfolgt aufgrund der jeweils gegebenen augenblicklichen Situation des Wahrnehmenden und aufgrund der unterschiedlichen Intensitäten der Reize bzw. Reizkonstellationen.

Stellen wir uns z. B. vor, daß ein Urlauber, dessen Hobby die Architektur ist, in der oben beschriebenen Straße steht. Er ist zum ersten Mal in dieser Stadt bzw. dieser Straße und hat genügend Zeit, sich alles in Ruhe anzusehen. Unter diesen Umständen wird er selbstverständlich als erstes die Häuserfront, dann die einzelnen Häuser, ihre Bauweise, ihren Stil etc. bemerken, wahrnehmen. Seine Liebhaberei ‚lenkt‘ seine Blicke. **Interesse**

Doch trotz dieser Interessen, dem mehr oder weniger bewußten Wunsch, sich die Architektur dieser Straße anzusehen, schweift sein Blick ab. Er riecht die Nähe einer Imbißstube, einen Bratwurstduft, der ihn daran erinnert, daß er seit Stunden nichts mehr gegessen hat, und, obwohl er es nicht beabsichtigt, suchen seine Augen nach der Quelle dieses Duftes. **Bedürfnis**

Neugier   Ähnlich geht es ihm, wenn ein ohrenbetäubendes Geschrei oder ein schriller Pfiff seine Betrachtung der Bauwerke stören oder seine Neugier in andere Richtung soweit wecken, daß er sich nach dieser Störung umsieht.

Hier zeigt sich ein sehr wichtiges Moment in der Organisation unserer Wahrnehmung: Obwohl unser Auge aufgrund seiner Bauweise nur in einem Bereich von etwa 10°–15° ein wirklich scharfes Bild liefert (manche Forscher sprechen sogar von einem Bereich von nur 4°, das ist etwa ein Kreis von 7 cm auf 1 m Entfernung), nehmen wir einen viel größeren Bereich wahr, denn ‚Sehen' als physiologischer Vorgang ist etwas anderes als ‚Wahrnehmen'. Eine Tatsache, die in manchen populärwissenschaftlichen Werken über das Sehen nicht oder nur unzureichend berücksichtigt wird. Nach der Lektüre solcher Werke könnte man manchesmal glauben, ‚falsch' zu sehen. Dieser Eindruck könnte vermieden werden, wenn eindeutig gesagt würde, was in solchen Werken beschrieben wird. Das S e h e n , verstanden als das Auffangen und Registrieren optischer, also Lichtreize, ist begrenzt auf eine Reaktion des Auges, des Sehnervs und des visuellen Cortex (des für visuelle Eindrücke zuständigen Teils des Gehirns). Dies ist eine Funktionseinheit, die nichts über die Auswertung und weitere Verwendung der verarbeiteten Reize aussagt. Dagegen bedeutet W a h r n e h m e n sowohl diese Reizaufnahme als auch die daraus folgende Auswertung dieser Reize, d. h. das Wahrnehmen umfaßt die ganze Existenz des Wahrnehmenden, sein ‚in der Welt' sein.

Aus diesem Grund ist zwar die Aussage über den Scharfsehbereich in etwa richtig, soweit es sich um physiologische Feststellungen über das Sehen handelt, sie ist aber falsch, wenn es um Wahrnehmungsprobleme des Menschen geht, denn der Mensch lebt nicht mit nur einem ‚fixierten' Auge und einem entsprechend fixierten Kopf und Körper, sondern er bewegt sich. Und da die Wahrnehmung nicht als Einzelaktion nach einer bestimmten Zeit abgeschlossen wird, kann das Blickfeld auch in kurzer Zeit überflogen werden, wobei sich durchaus ein ‚scharfer', klarer Eindruck eines großen Teils der Umwelt ergibt.

Darüber hinaus ist es zwar möglich, die peripheren Teile des Blickfeldes nicht zu bemerken, aber es gelingt uns nicht, sie im eigentlichen Sinn des Wortes nicht mehr wahrzunehmen. „Das geringste ungewohnte Geschehen in der eben noch scheinbar so völlig eliminierten Peripherie durchbricht den Versuch des sich Verschließens und zeigt, daß die Peripherie stets in ihrer ganzen Fülle da ist." (112, S. 54)

In unserem ersten Versuch, einen Wahrnehmungsvorgang zu beschreiben, haben wir eine Situation für unseren Wahrnehmenden gewählt, in der er relativ frei war von irgendwelchen Motiven, d. h. der Mensch, der in der Straße stand, hatte keine speziellen Interessen oder Bedürfnisse, die er zu befriedigen hatte und so ließ er alle Eindrücke gleichmäßig auf sich einwirken. Eine solche Situation besteht allerdings nur sehr selten. Ansonsten werden immer irgendwelche Erwartungen, Stimmungen, Interessen oder Bedürfnisse vorhanden sein, die den Vorgang des Ordnens und Gliederns beeinflussen, wie das ja auch schon im zweiten Beispiel beschrieben wurde. In diesem war zunächst das Interesse an Architektur und dann das Bedürfnis, den Hunger zu stillen, bestimmend für den Vorgang des Wahrnehmens. In einem dritten Beispiel soll nun ein dringendes Bedürfnis im Vordergrund stehen.

Der Urlauber hat, so zwischendurch, noch eine geschäftliche Verabredung getroffen und will nun den Partner aufsuchen. Er ist fremd in der Stadt und hat sich auch etwas verspätet. Um trotzdem noch zur rechten Zeit anzukommen, ließ er sich den schnellsten Weg beschreiben und hat sich dabei die Namen der Straßen, die er zu durchlaufen bzw. zu überqueren hat, gemerkt. In dieser Situation wird er nun keine Ornamente an den Fassaden sehen und auch nicht die Würstchenbude bemerken, an der er vorbeieilt. Sein Blick sucht jetzt in erster Linie die Straßenschilder, die ihm den Weg weisen. Nur bei ihnen wird sein Blick kurz haften bleiben, um zu kontrollieren, ob er noch auf dem richtigen Weg ist, dann geht sein Blick schon wieder weiter, auf der Suche nach dem nächsten Schild. Dabei sucht er zunächst in der Menge der optischen Reize nur nach der Form, die für diese Schilder typisch ist. Ist diese gefunden, gilt es, ihre spezielle Bedeutung zu finden, also den Namen zu lesen, und weiter geht es. Mit den beiden Fotos wird versucht, den 1. und 3. Versuch einer Beschreibung der Wahrnehmung zu illustrieren. Dabei ist allerdings zu beachten, daß eine solche Wiedergabe für unsere Fälle ungenau ist, da sie nicht den zeitlichen Vorgang des Wahrnehmens zeigt.

Reduziert man den Vorgang des Wahrnehmens auf ein Schema, so könnte dies etwa folgendermaßen aussehen, wenn wir voraussetzen, daß weder irgendwelche Interessen noch Bedürfnisse zu befriedigen und auch keine bestimmten Erwartungen an das Wahrzunehmende geknüpft sind:

1. Ein G e s a m t e i n d r u c k , die Umgebung als ungeordnetes Ganzes
2. Die A u s w a h l einzelner Reize und Reizkonstellationen
3. Ein bewußtes Betrachten und O r d n e n dieser Reize
4. Das E n t d e c k e n von neuen, kleinen Ganzheiten in der Reizvielfalt
5. Ein K o o r d i n i e r e n dieser Teile (auch unselbständiger)
6. E n t d e c k e n und S t i f t e n von Ordnung in der Reizvielfalt
7. Das ursprünglich anscheinend ungeordnete Ganze ist jetzt ein g e o r d n e t e s und ü b e r b l i c k t e s Ganzes

R. Gunzenhäuser faßt dies zusammen in drei Phasen:
„ a) Die selektive Phase: Aus einem Überangebot an Information wird ausgewählt; ...
b) Die synthetische Phase: Die gewählte Zeichenauswahl wird geordnet und strukturiert; ...
c) Die analytische Phase: Der unter (b) genannte Prozeß wird umgekehrt ...." (166, S. 102)

2.1.4. Über die Notwendigkeit der Selektion in der Wahrnehmung

Gesichtsfeld

Unser Auge ist ein ungeheuer leistungsfähiges Organ. So umfaßt unser Gesichtsfeld, d.h. der Bereich, den wir bei fixiertem Kopf und ebenso fixierten Augen ‚sehen‘, in der Horizontalen ca. 180° und in der Vertikalen ca. 140°.

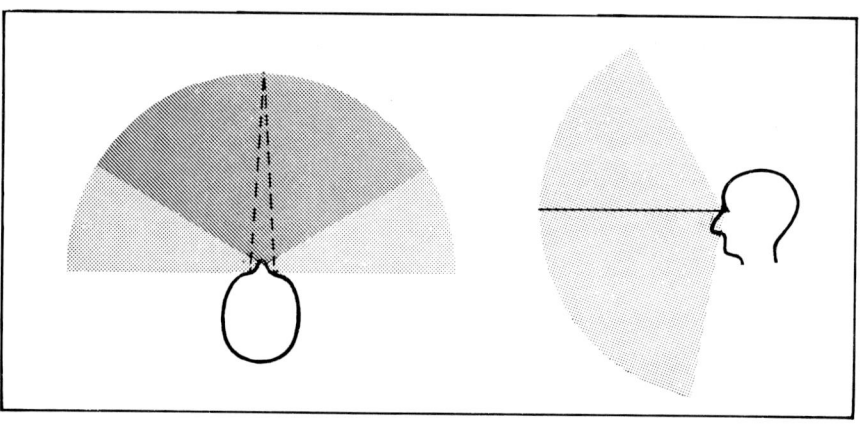

Zwar ist der Bereich der elektromagnetischen Wellen, die vom Auge als Licht gesehen werden, zwischen ca. 400 nm-800 nm (1 nm, Nanometer = 1 Millimikron = 0,000 000 1 cm), gemessen an dem Spektrum aller elektromagnetischen Wellen relativ gering, dafür ist das Aufnahmevermögen für unterschiedliche Lichtintensitäten um so größer. So wird berichtet, daß

Helligkeitsunterscheidung

ein Beobachter mit einem völlig an die Dunkelheit angepaßten, adaptierten Auge in einer klaren Nacht das Aufflammen eines Streichholzes in 80 km Entfernung wahrgenommen hat, andererseits findet sich ein Skifahrer auf einer in grellem Sonnenlicht liegenden Schneefläche immer noch zurecht. Dieser Helligkeitsunterschied entspricht einem Intensitätsverhältnis von $1:10^{14}$.

Auch das Auflösungsvermögen des Auges ist beachtlich. Ein Beispiel seiner Grenzleistung ist die Tatsache, daß ein 1,5 mm starker Bindfaden noch in 400 m Entfernung entdeckt

Auflösungsvermögen

werden kann. Für den physiologischen Vorgang im Auge bedeutet das, daß etwa 10 photosensitive Zellen (Stäbchen) von einem Lichtquantum erregt werden müssen, um eine Helligkeitsempfindung auszulösen.

Und trotz dieser Leistungsfähigkeit leben wir nicht in einem Licht- und Farbenchaos, denn unser visueller Wahrnehmungsapparat (nicht nur das Auge) arbeitet ‚integrierend‘,

Integration der Lichtreize

zusammenfassend, im Gegensatz z. B. zu unserem auditiven Wahrnehmungsapparat, der die einzelnen Klänge analysiert und in einzelne Töne differenziert. Ein musikalischer Dreiklang ist eben nicht nur ‚ein‘ Klang, sondern besteht gleichzeitig und hörbar aus ‚drei‘ Tönen.

Dagegen können wir bei einem guten Vier-Farb-Raster-Druck nicht mehr die vier Grundfarben feststellen, sondern wir sehen eine große Vielfalt von Farben und Farbnuancen. Erst unter der Lupe entdecken wir die vielen kleinen Farbpunkte, aus denen sich das Bild zusammensetzt.

Wie diese Integration in der visuellen Wahrnehmung vor sich geht, konnten die Wissenschaftler, die sich damit beschäftigen, bis heute nicht endgültig klären. Die zur Zeit populärste Theorie zur Farbwahrnehmung nimmt an, daß sich in der Retina (Netzhaut) des Auges drei verschiedene Arten von Rezeptoren (Zapfen) befinden, die für jeweils eine Farbe - rot, grün und blau - empfindlich sind. Diese Rezeptoren reagieren jeweils auf die entsprechenden Lichtwellen, indem sie einen Impuls an eine Schaltstelle senden, wo eine Zusammenfassung der einzelnen Impulse zu einer ‚Farbinformation‘ stattfindet, die über den Sehnerv zum Gehirn weitergeleitet wird. Ob es in dieser Art geschieht, und wie es genau abläuft, kann allerdings nicht mit Sicherheit gesagt werden. Dies ist für den Gestalter aber auch nicht von so entscheidender Bedeutung, für ihn ist in erster Linie wichtig, daß dieser Apparat insgesamt so arbeitet, daß die Farben ‚richtig‘ gesehen werden.

Eine andere Form der Integration ergibt sich aus den physiologischen Gegebenheiten des Wahrnehmungsapparates. In der Retina befinden sich ca. 3–5 Millionen Zapfen, die für das Farbensehen verantwortlich sind, und ca. 125 Millionen Stäbchen für das Helligkeitssehen, zusammen also ca. 130 Millionen Rezeptoren. Denen stehen ca. 1 Million Nervenfasern im Sehnerv zur Verfügung, es gibt also nicht für jeden Rezeptor eine ‚Leitung‘ zum Gehirn. Hinzu kommt noch, daß diese Nervenfasern noch nicht einmal gleichmäßig an die Retina angeschlossen sind. So verfügt die ‚Fovea centralis‘, der gelbe Fleck, das Zentrum der Netzhaut, über wesentlich mehr Leitungen zum Gehirn als die Peripherie. Das bedeutet, daß das hohe Auflösungsvermögen, von dem oben gesprochen wurde, nur in diesem zentralen Bereich der Netzhaut gegeben ist. Hierin ist auch der Grund für den so kleinen Bereich des Scharfsehens zu sehen. Das ‚Bild‘ auf der Netzhaut verflacht zunehmend, je weiter es am Rand der Retina liegt. Zuerst wird es unscharf, dann vereinfacht und zuletzt verwischen die letzten Konturen, so daß nur noch formlose Bewegungen festgehalten werden.

Ein weiteres Moment der Vereinfachung des Wahrgenommenen ist die Tatsache, daß unser Wahrnehmungsapparat nicht mit einer absoluten Skala für Helligkeiten und Farben arbeitet. Selbst bei Formen gibt es keine absolute Wertskala.

Am deutlichsten wird dies im Bereich der Lichtintensität. So kennt wahrscheinlich jeder die Erfahrung, wie sich die ‚stockfinstere‘ Nacht ‚lichtet‘ wenn wir uns an die Dunkelheit gewöhnt haben.

Ein anderes Beispiel: Die Intensität des Lichts, das von einem Stück Kohle, das im hellen Sonnenlicht liegt, reflektiert wird, kann größer sein als die, die von einem weißen Stück Papier in der Dämmerung zurückgeworfen wird, trotzdem wird niemand behaupten, die Kohle sei heller als das Papier.

Und ein drittes Beispiel: Der Ring in der folgenden Zeichnung (nächste Seite, links) ist einheitlich grau und doch erscheint er auf der unteren Hälfte des Quadrats, umgeben von der schwarzen Fläche, heller als auf dem weißen Grund.

Ebenso relativ ist der Farbwert, hier z. B. der des roten Punktes auf der rechten Darstellung. Je nachdem, ob er auf der hellen oder dunklen Fläche liegt, erscheint er dunkler oder heller (siehe auch die Kapitel über den Helligkeits- und den Simultankontrast).

Retina

relative Reizbewertung

Das Auge ist eben kein Fotoapparat mit objektiver Lichtmessung und geometrisch exakt nachmeßbarer Zentralprojektion (siehe auch das Kapitel über die Perspektive). Die Wahrnehmung richtet sich nicht so sehr nach solchen Gesetzmäßigkeiten, sondern sie wird stärker durch die jeweils gegebenen Umstände und Notwendigkeiten geprägt.

Trotz dieser Beschränkung der Leistungen im psychophysischen Bereich ist die Menge der Reize, die uns durch das Auge erreicht, noch zu groß für das Fassungsvermögen in unserem Gehirn. Außerdem ist noch zu berücksichtigen, daß über die visuellen Reize hinaus ja auch noch Reize wie der Schall, Berührungen, Druck, Zug, Spannung, Bewegung, Lageveränderung, Geruch, Geschmack, Wärme, Kälte und Schmerz über die sogenannten Tangorezeptoren, Statorezeptoren, Thermorezeptoren und Chemorezeptoren zum Gehirn übermittelt werden. Es muß also in der Reizaufnahme bzw. der Reizverwertung zusätzlich die Menge der Informationen reduziert werden.

Doch zurück zum Bereich der visuellen Wahrnehmung. Hier haben wir zwei Möglichkeiten, dieser Reizvielfalt zu begegnen:

1. Wir überschauen das gesamte Blickfeld mit gleicher Intensität, dann müssen wir aber auf das Erkennen von Einzelheiten verzichten, oder

2. wir richten unser Augenmerk auf einen bestimmten Teil des Blickfeldes, wobei wir das übrige Feld ‚am Rande‘, d. h. mitbewußt, zum Teil aber auch unbewußt, mit wahrnehmen.

Aufmerksamkeit   In beiden Fällen ist die Richtung unserer Aufmerksamkeit ausschlaggebend dafür, was wir wahrnehmen. Das eine Mal könnte es sein, daß wir bei einer Kundgebung etc. irgendetwas erwarten, von dem wir nicht wissen, wo und wann es geschehen wird, die Aufmerksamkeit richtet sich also gleichmäßig nach allen Seiten, während im zweiten Fall dann dieses Unerwartete gerade geschieht, und wir ihm unsere Aufmerksamkeit ungeteilt zuwenden. Wodurch wird nun die Aufmerksamkeit bestimmt, was ist sie?

2.1.5. Die Aufmerksamkeit

Die Aufmerksamkeit kann als eine hypothetische Größe beschrieben werden, die ungleichmäßig auf die Gegenstände und Vorgänge der Umwelt wie auch der Innenwelt verteilt ist, oder umgekehrt, daß diese Gegenstände mit dieser Größe in geringerem oder höherem Maße ‚besetzt‘ sind. So kann man zum einen von konzentrierter Aufmerksamkeit auf einen Gegenstand sprechen oder zum anderen von Zerstreutheit, also dezentralisierter Aufmerksamkeit. Dieses Phänomen kann nun grundsätzlich in zwei Gruppen unterteilt werden, zum einen in ‚aktive‘ (willkürliche) und zum anderen in ‚passive‘ (unwillkürliche) Aufmerksamkeit.

Bei der aktiven Aufmerksamkeit besteht nicht unbedingt die Notwendigkeit, daß der Gegenstand, dem die Aufmerksamkeit gilt, in besonderer Weise ‚ausgezeichnet‘ und von seiner Umgebung ‚abgehoben‘ erscheint. Er wird auch dann noch aus der Vielfalt der Umwelt selektiert, wenn seine Erscheinung nicht so auffällig ist, da der Betrachter ihn bewußt sucht.

Ein Beispiel für die passive Aufmerksamkeit ist die Tatsache, daß sich einem manchmal Gedanken und Vorstellungen ungewollt aufdrängen können, auch dann, wenn sie stören.

passive Aufmerksamkeit

Dieser Bereich der passiven Aufmerksamkeit ist für die Werbung von größter Wichtigkeit, da sie sehr häufig gezwungen ist, für Gegenstände bestimmter Firmen zu werben, ohne daß beim Käufer das Bedürfnis besteht, gerade dieses Produkt oder ein solches Produkt überhaupt zu erwerben. Die Aufmerksamkeit des möglichen Käufers richtet sich also nicht von selbst auf dieses Produkt, weshalb die Werbung versucht, sie durch Werbemittel wie Plakate, Broschüren, Werbespots etc. in diese Richtung zu lenken. Dabei verwendet sie unter anderem die endlose Wiederholung von Zeichen oder Slogans in der Hoffnung, daß durch das immer wieder auftretende Moment des Erinnerns, des Wiedererkennens die Aufmerksamkeit auf das Produkt gezogen wird.

Eine andere Möglichkeit, die Aufmerksamkeit zu erregen, ist die, daß in der betreffenden Werbung ein bestimmtes Maß an außergewöhnlichen Reizfaktoren verwendet wird, wie dies auch der Losverkäufer auf dem Jahrmarkt macht, indem er entweder lauter oder aber witziger, origineller in seinen Ansagen ist als der Konkurrent. Im visuellen Bereich sind solche Reizfaktoren z.B. die Größe der Reklame, der Kontrast zum Umfeld, besondere Farbkonstellationen etc. . . .

Eine weitere Möglichkeit, passive Aufmerksamkeit zu erregen, ist das Ansprechen von unbewußten und verdrängten Motiven, d.h. daß hierbei solche Interessen oder Bedürfnisse angesprochen werden, die aus privaten oder gesellschaftlichen Gründen tabuiert oder unerreichbar sind und deshalb, von dem Betreffenden abgelehnt, scheinbar nicht mehr vorhanden sind, in Wirklichkeit jedoch nur verdrängt werden.

Diese drei Möglichkeiten werden heute aber nicht etwa als Alternativen verstanden und eingesetzt, sondern sie werden, soweit das Geld reicht, gleichzeitig und so massiv wie möglich in die Werbeschlacht geworfen.

Der Grund für aktive Aufmerksamkeit besteht darin, daß entweder etwas erwartet wird oder ein Motiv, das aus einem Gefühl, einem Bedürfnis, einem Interesse oder aus allen zusammen im Verband mit dem Denken und Wollen besteht, vorliegt. Diese Begriffe sollen noch kurz erläutert werden, da sie zwar alltäglich, trotzdem oder vielleicht gerade deshalb etwas verschwommen und undeutlich sind.

aktive Aufmerksamkeit

Doch zuvor wollen wir uns die Faktoren, die an der Bildung und Ausrichtung der Aufmerksamkeit beteiligt sind, noch einmal in einer schematischen Darstellung ansehen:

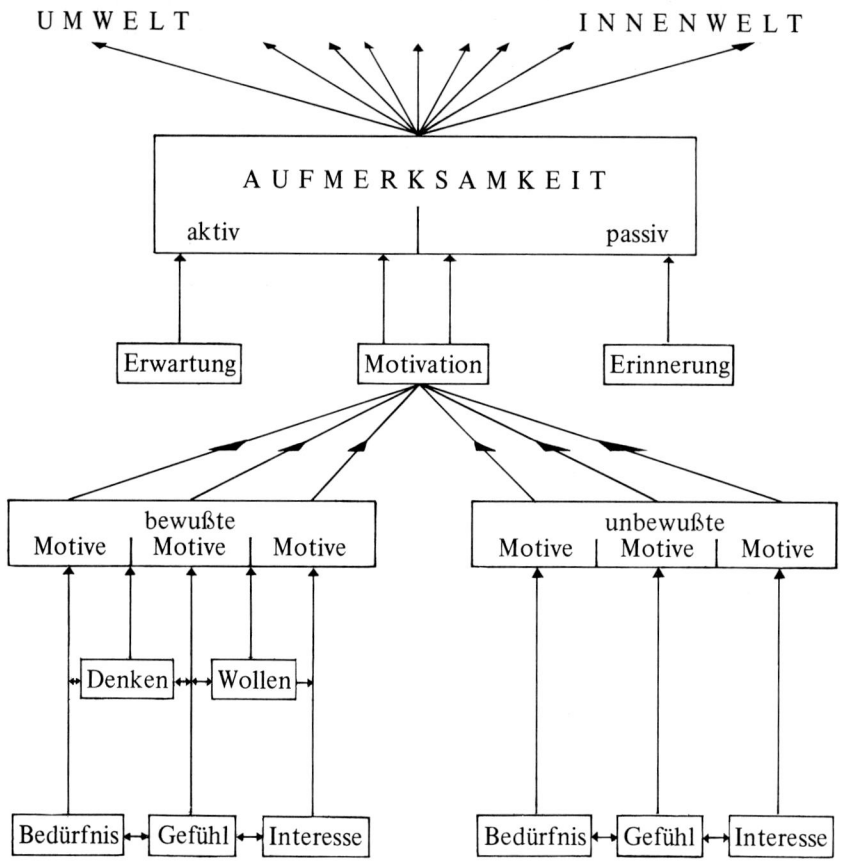

Und nun die Bestimmung der hier verwandten Begriffe:

Gefühl   Das Gefühl ist „die durch die Persönlichkeitsstruktur gegebene ganzheitliche subjektive Reaktionsweise des Individuums auf den Inhalt seines Erlebens (seiner Wahrnehmungen, Vorstellungen und Denkinhalte)." (102, S.392) Es ist eine grundlegende Komponente der psychischen Erlebnisse, d.h. Gefühle können nie isoliert vom Wahrnehmen bzw. Handeln gesehen werden. Entweder sie sind Reaktionen auf Wahrgenommenes oder sie beeinflussen das Wahrnehmen bzw. das Handeln. „Das Denken führt nicht automatisch, sondern vermittelt über die Gefühle zum Handeln." (102, S.393)

Bedürfnis   Ein Bedürfnis ist das Empfinden eines Mangels, welchem das Bestreben nach Befriedigung entspringt. Man kann Bedürfnisse zunächst in zwei Gruppen unterscheiden:

a) Die naturbedingten Bedürfnisse, die aus der physischen Existenz entspringen und

b) die sozialen, gesellschaftlich bedingten Bedürfnisse

Die Kraft, die den Menschen antreibt, die Bedürfnisse zu befriedigen, wird häufig als ‚Trieb‘ bezeichnet. Allerdings ist dieser Terminus heute heftig umstritten, da er nicht eindeutig genug auf seine Ursachen hin abgegrenzt ist. So wird er sowohl auf Instinkthandlungen wie auch auf ‚Stimmungen‘, ja sogar auf übersteigerte ‚gelernte Verhaltensweisen‘ bezogen. Deshalb empfiehlt P. R. Hofstätter (87) anstelle von ‚Trieben‘ von ‚Antrieben‘ bzw. von Motiven zu sprechen. Trotzdem wollen wir zur Verdeutlichung der Verschiedenartigkeit der Bedürfnisse H. Rohrachers ‚Triebkatalog‘ anführen. Er unterscheidet zwischen:

a) Erhaltungstrieben (z. B. Sexualtrieb, Hunger-, Pflege-, Fluchttrieb)

b) Gesellschafts- (sozialen) Trieben

c) Genußtrieben

d) Kulturtrieben

Diese Aufzählung ist eine von vielen und erhebt keinen Anspruch auf absolute Gültigkeit (siehe oben), trotzdem ist diese Art der Differenzierung für uns insoweit von Bedeutung, als sich hier sehr deutlich zeigt, daß die Bedürfnisse, die hinter diesen ‚Trieben‘ stehen, nur zum Teil absolute Größen sind wie z. B. Hunger, Durst und Wärme, die zu allen Zeiten mehr oder weniger gleich groß waren.

Die meisten Bedürfnisse haben dagegen historisch konkreten Charakter, d. h. sie sind in ihrem Ausmaß zeitgebunden. So kann man z. B. seinen Durst sowohl mit Wasser als auch mit Bier, Wein oder Champagner löschen. Und es soll Menschen geben, die dies nur noch mit Champagner tun können, obwohl dieselben zu einer anderen Zeit und in einer anderen Gesellschaft mit weniger guten Lebensbedingungen ohne weiteres mit Wasser zufrieden gewesen wären. Dieses Beispiel zeigt, daß sich die Mittel, die der Bedürfnisbefriedigung dienen, im Lauf der Zeit ändern können.

Ebenso können sowohl neue Bedürfnisse entstehen als auch alte verschwinden. Diese Tatsache hat sich die Werbung in der Weise zu eigen gemacht, daß sie auf allen Kommunikationskanälen verkündet, daß dies oder jenes neue Produkt ausschlaggebend oder zumindest sehr wichtig für das Wohlbefinden jedes einzelnen sei oder daß der Besitz eines bestimmten Produktes notwendig sei, um seine Karriere zu unterstützen usw. usf. Auf diese Art erklärt sie den Besitz des einen oder anderen Gegenstandes zu einem Bedürfnis, das allerdings in dem Augenblick, in dem sich die Angesprochenen diese Aussage zu eigen machen, erst zu einem echten Bedürfnis werden. Sie sind zu diesem Zeitpunkt nicht mehr, wie manche Konsumkritiker behaupten, Scheinbedürfnisse, wobei nicht gesagt sein soll, daß solche Bedürfnisse lebensnotwendig sind. Ein solches Bedürfnis, das in seiner Konsequenz allerdings ausgesprochen negative Erscheinungen zeigte, wurde z. B. mit der Einführung der Notengebung im Bereich der Schulen geweckt. Für viele Schüler bestand jetzt nicht mehr das Ziel, ihr Wissen zu vermehren, sondern eine gute, zumindest aber eine ausreichende Note zu erhalten, ein Lernziel, das, wie sich heute zeigt, außerordentlich negativ war für das eigentliche Lernmotiv und damit auch für den Lernerfolg.

Unter Interesse ist hier ein ‚Gerichtetsein‘ zu verstehen, das ähnlich gelagert ist, wie die Motive, die aus den Bedürfnissen resultieren. Allerdings sind die Gegenstände, Zustände oder Vorgänge, die interessieren, komplementär zu dem Bedarf und den Bedürfnissen.

Wesentlichste Eigenschaft der Interessen ist, daß sie den Interessenten zu nichts verpflichtet. Z. B. interessiert sich angeblich jeder Junge eine Zeitlang für den Beruf des Lokomotivführers, ohne es dann wirklich zu werden. Auch der Briefmarkensammler aus Liebhaberei betreibt seine Sammlung nur so lange, wie sie ihm Freude bereitet.

Den Interessen kommen in allen Lebensaltern große Bedeutung zu. Dem Heranwachsenden ermöglichen sie es, sich mit bestimmten Problemen auseinanderzusetzen, seine eigenen Fähigkeiten, Neigungen und Fertigkeiten zu erproben, seine Persönlichkeit zu entwickeln usw. Später erhalten die Interessen als Liebhabereien ihre Bedeutung dadurch, daß sie dem Menschen eine Abwechslung vom Berufsleben und damit auch die nötige Entspannung bieten, und wenn die berufliche Arbeit in Routine und Akkord erstickt, kann die Beschäftigung mit den Interessengebieten der Selbstbestätigung, ja sogar der Selbstverwirklichung dienen.

Denken „Das Denken ist die höchste Form der psychischen Tätigkeit des Menschen, . . .“ (102, S. 226) Das Denken ist rationale, vermittelte Erkenntnis in Form von Begriffen, Urteilen, Theorien usw. Es befähigt die Menschen in wachsendem Maße, die Naturkräfte in ihren Dienst zu stellen und die gesellschaftliche Entwicklung bewußt und planmäßig zu lenken. Das Denken wird also bei der Planung des Handelns - auch des Wahrnehmens -, das der Bedürfnis- bzw. der Interessenbefriedigung dient, mitarbeiten.

Wille „Der Wille ist bewußtes, auf das Erreichen bestimmter Ziele gerichtetes Streben des Menschen. Der Wille gehört als Komponente aus Intellekt und Gefühlen zum Komplex der psychischen Eigenschaften. . . . Die Verwirklichung des Willens, die in der Willenshandlung vollzogen wird, ist mit der Überwindung innerer . . . und äußerer . . . Widerstände verbunden. Die Willenshandlung wird . . . in zwei Phasen unterteilt: erstens die Herausbildung einer Absicht und das Fassen eines Entschlusses, zweitens die Ausführung des gefaßten Entschlusses.“ (102, S. 1168)

Motiv „Die Motive sind die inneren subjektiven Absichten des individuellen Handelns der Menschen, die unmittelbaren, subjektiv-bewußten Beweggründe der Tätigkeit des Individuums, die dem individuellen Willen Richtung und Inhalt geben.“ (102, S. 749/50)

Aus den Bedürfnissen entwickeln sich die Motive des Handelns, auch des Wahrnehmens. Auch Gefühle können Grundlage von Motiven sein. Insgesamt kann man sagen, daß sich die Motive in einem äußerst komplizierten Zusammenspiel von Gefühlen, Bedürfnissen, Interessen, persönlichen Werten wie Charakter und Bildung und aus gesellschaftlichen Gegebenheiten, Bedingungen und Normen etc. bilden. Dabei sind es besonders die letztgenannten, die immer wieder Barrieren gegen bestimmte, mögliche Motive bilden. Sie bewirken, daß solche Bedürfnisse oder Gefühle nicht entstehen können, oder aber sie verdrängen sie so weit, daß man einerseits glauben könnte, sie wären aufgehoben, während sie andererseits das Verhalten aus dem Unbewußten mehr oder weniger deutlich beeinflussen.

Motivation Die Motivation ist die Gesamtheit aller zu gleicher Zeit bestehenden Motive. In ihr entsteht die Hierarchie, die Rangfolge der einzelnen Motive, aber auch die Integration der bewußten und unbewußten Motive.

34

Die Erwartung ist eine „Bezeichnung für eine Einstellung, die sich auf mehr oder weniger klare Zielvorstellungen bezieht (...). Sie kann aus Selektionen oder Umdeutungen beim Wahrnehmen erschlossen werden." (49, S.98) Das klassische Beispiel für die Umdeutung der Wahrnehmung aufgrund einer Erwartung ist die Geschichte des an der Normaluhr wartenden Verliebten. Hat er lange genug gewartet und ist die Sehnsucht nach der Geliebten übergroß, wird er in jeder sich ihm nähernden Person zunächst einmal seine Angebetete erkennen.

Erwartung

Für die Aufmerksamkeit ist auch der Faktor des Erinnerns und Wiedererkennens von Bedeutung. Als das absichtliche oder unabsichtliche Bewußtwerden erlebter oder ausdrücklich eingeprägter Bewußtseinsinhalte nach einer längeren Zeit ist es eine Funktion des Gedächtnisses. So genügt z.B. oft schon das Sehen eines geringen Teils eines bekannten Zeichens etc., um es zu erkennen.

Erinnern

Ähnlich geht es uns, wenn wir den Slogan ‚Mach mal Pause ...' hören. Unwillkürlich drängt sich doch einem bei diesem Spruch die gedachte oder gesprochene Ergänzung: - Coca Cola - auf. Und der Umsatz dieses Getränks beweist, wie förderlich ein solch immer wiederkehrendes Erinnern und Wiedererkennen für den Umsatz ist, insbesondere dann, wenn wie in diesem Slogan der Artikel ‚Coca Cola' nahezu zum Synonym für ‚Pause' wird. Pause = Coca Cola; Coca Cola = Pause.

Das Problem des Aufmerksamkeit-Erregens ist eine der entscheidenden Aufgaben, die der Grafik-Designer zu bewältigen hat. Wenn ihm dies nicht gelingt, ist jede weitere Arbeit umsonst, denn bevor eine Nachricht empfangen, aufgenommen und verarbeitet wird, muß der Empfänger auch empfangsbereit sein, er muß wissen, daß es etwas für ihn zu erfahren gibt.

Nachdem wir nun aber gesehen haben, welche Wege hierfür eingeschlagen werden können, muß man sich auch einmal die Frage stellen, inwieweit in diesen Fällen der Zweck die eingesetzten Mittel heiligt. Man muß sich fragen, ob es gerechtfertigt ist, daß unbewußte Motive, Probleme, Ängste, unterschwellige Konflikte etc. von der Werbung ausgenutzt werden, nur um Kontakte zwischen Werbenachricht und Empfänger herzustellen bzw. um irgendwelche Artikel, die in keinerlei inhaltlichen Zusammenhang mit diesen Konflikten stehen, zu verkaufen.

Beispiele dafür, daß und wie dies gemacht wird, können wir täglich in den Werbesen-
dungen des Fernsehens und Rundfunks, im Anzeigenteil der Illustrierten und an den Litfaß-
säulen sehen.

2.1.6. Die Möglichkeit der Manipulation

Es stellt sich nun auch die Frage, inwieweit die Massenkommunikation überhaupt in
der Lage ist, das Verhalten, den Geschmack, die Meinungen, Vorurteile oder Urteile und insbesondere auch die Aktivitäten, wie z. B. etwas zu kaufen, zu beeinflussen.

Bis vor kurzer Zeit glaubte man noch, daß Massenkommunikation es ermögliche, den
Empfänger in seiner Meinung und seinem Tun relativ leicht zu manipulieren, aber die Ergebnisse der Massenkommunikationsforschung waren bei weitem nicht so eindeutig wie erwartet.

Persuasion
        Im Bereich der ‚Persuasion‘, d. h. in dem Fall, in dem Informationen nicht nur gelernt,
sondern auch psychologisch akzeptiert werden, zeigten sich scheinbar widersprechende Ten-
denzen, die sich jedoch bei einer Differenzierung des Begriffs Persuasion auflösen lassen.

Kanalisation
Dazu schreibt M. Krampen: „Innerhalb der Persuasion gibt es die Möglichkeit der Kanalisation und Konversion. Kanalisation findet meist in der Werbung statt, wenn ein vorhandenes
Bedürfnis für ein Produkt auf eine bestimmte Marke oder von einer Marke auf eine andere
gelenkt wird.

Kanalisation ist verhältnismäßig einfach durch Massenkommunikation zu erzielen.

Konversion
Konversion wird durch ‚Propaganda‘ betrieben. Es handelt sich um tiefgreifende Veränderun-

gen in der psychologischen Struktur der Persönlichkeit. Konversion ist nur unter ganz bestimmten Bedingungen, die äußerst selten eintreten, durch Massenkommunikation zu bewerkstelligen." (111, S.101/2)

Insgesamt mußte man feststellen, daß die Massenkommunikation, wenn überhaupt, dann meist in bestärkendem Sinn, das Verhalten der Rezipienten beeinflußte, da das Individuum bestrebt ist, sein Verhalten und seine Einstellungen zu erhalten. Aus diesem Grund umgibt es sich mit einer Reihe von Schutzvorrichtungen, als da sind:

„1. Gruppenzugehörigkeit, Gruppennormen und Gruppenvorurteile

2. Meinungsführer

3. Zugehörigkeit zu einem sozio-ökonomischen System

4. Persönlichkeitsfaktoren (Selbstbewußtsein, Aggression, Kritikfähigkeit)

Fast jede Botschaft, die dieses Schutzsystem verändern will, prallt wirkungslos ab, während Botschaften, die es nicht verändern wollen, zur Verstärkung bestehenden Verhaltens und zur Verfestigung des Schutzsystems verwertet werden." (111, S.103)

2.1.7. Der Empfänger als Teil der Gesellschaft

Bisher haben wir immer von ‚einem' Menschen gesprochen und von seiner Art, sich in seiner Umwelt zu orientieren. In den Aufgaben des Grafik-Designers geht es in den seltensten Fällen um Nachrichten, die an ‚einen' Menschen gerichtet sind, sondern meist gilt es, eine mehr oder weniger große Gruppe von Menschen zu informieren. Was bedeutet nun ‚Gruppe'?

Gruppe ist die „Bezeichnung für eine integrierte soziale Struktur, deren Umfang (Anzahl der Gruppenmitglieder) variabel, jedoch im Einzelfall bestimmbar ist und innerhalb deren feststellbare oder quantifizierbare, auf die Gruppe selbst Einfluß nehmende und durch die Gruppe beeinflußte Beziehungen bestehen, die unter den Aspekten der Kommunikation, des Normativen oder des Funktionalen betrachten lassen." (49, S.124/25) Beispiel hierfür sind die sogenannten Primärgruppen wie Familie und Bande oder Sekundärgruppen wie die Belegschaft einer Fabrik oder eine Nation. **Gruppe**

Man kann unter Gruppe aber auch, wie es die Soziologie und Sozialpsychologie tun, jede aus theoretischen oder praktischen Gründen abhebbare Zusammenfassung oder jeden Zusammenschluß von Menschen verstehen. Der eindeutige Begriff ist dann: die Bezugsgruppe, da sie bestimmte gemeinsame Merkmale aufweist, wie z.B. die ‚Gruppe der Verheirateten', die ‚Gruppe der Autofahrer', die ‚Gruppe der Hausfrauen' etc. **Bezugsgruppe**

Die Gruppen, an die sich die Nachrichten, die der Grafik-Designer verarbeitet, richten, werden Zielgruppen genannt. Jede dieser Gruppen zeichnet sich durch bestimmte Interessen, Bedürfnisse, Verhaltensnormen, aber auch durch bestimmte Strukturen aus. Um die zu übermittelnden Informationen ‚richtig' formulieren zu können, ist es notwendig, diese Eigenschaften und Funktionsmechanismen (z.B. die Rolle des Meinungsführers etc.) zu kennen, denn diese sind mitbestimmend sowohl für die Selektion im Wahrnehmungsprozeß als auch für die ‚Verwertung' der Nachrichten. **Zielgruppe**

Nach diesem ausführlichen Überblick über die Probleme des Empfängers und der Wahrnehmung im Kommunikationsprozeß wollen wir uns mit den weiteren Gliedern der Kommunikationskette befassen.

3. Der Kanal

Der Kanal ist das materielle Medium, durch das Signale vom Sender zum Empfänger übermittelt werden. Eine erste, einfache Unterscheidung zwischen den verschiedenen Kanälen ist die in ,räumliche', ,zeitliche' und ,raum-zeitliche' Kanäle.

räumlicher Kanal   Der räumliche Kanal überträgt die Nachricht ohne eigentlichen Zeitverlust über eine gewisse räumliche Entfernung wie z.B. das Telefon und das Funkgerät.

zeitlicher Kanal   Ein zeitlicher Kanal liegt vor, wenn die Nachricht am gleichen Ort über längere Zeit hinweg vermittelt wird, z.B. das schwarze Brett oder die Schilder der Hinweiszeichen bzw. Straßenverkehrszeichen.

raum-zeitlicher Kanal   Raum-zeitliche Kanäle sind dann z.B. das Buch, die Schallplatte und das Tonband. Rundfunk und Fernsehen können sowohl räumliche als auch raum-zeitliche Kanäle sein, je nachdem, ob ,live' oder aus der ,Konserve' (früher Aufgezeichnetes) gesendet wird.

Der Kanal, das Medium als solches, ist für uns durch seine technischen Gegebenheiten eine unabhängige Größe, die einerseits dem Gestalter bestimmte Auflagen in Bezug auf die Variationsbreite der ,Codierung' bzw. Gestaltung macht, andererseits auch dem Empfänger einen gewissen Zwang auferlegt. Z.B. übermitteln auditive Medien wie Schallplatte und Rundfunk eben nur akustische Signale, die der Empfänger nur zu ,hören' braucht. Nebenher kann er sich frei bewegen, arbeiten etc. Dagegen ist der Fernsehzuschauer und Kinogänger, der sowohl akustische als auch optische Reize aufnimmt, in seiner Bewegungsfreiheit erheblich eingeschränkt. Er muß die Kinoleinwand im Blick haben, wenn er den Film sehen will.

Ein weiteres Moment, das bei den Überlegungen zur Frage der Medien Beachtung verdient, ist die Tatsache, daß der Rezipient sich ein mehr oder weniger differenziertes Bild von den Medien, z.B. was die Glaubwürdigkeit angeht, macht und daß dieses Bild den Ablauf der Kommunikation beeinflußt. Die Bewertung einer Nachricht kann also auch von der Einschätzung bzw. dem Prestige des verwendeten Mediums abhängig sein.

Es ist also notwendig, im Verlauf des Studiums (nicht in dieser Arbeit) sich noch etwas ausführlicher mit den verschiedenen Medien und den Möglichkeiten, die sie dem Gestalter bieten, zu beschäftigen, wobei dieser letzte Aspekt sinnvollerweise im Zusammenhang mit einer konkreten Aufgabe erarbeitet werden sollte.

4. Der Code

Der Code ist eine Zuordnungsvorschrift für die Zuordnung der einzelnen Zeichen eines Zeichenrepertoires zu den Zeichen eines anderen Zeichenvorrats. Wenn wir z.B. im Schiffsfunk (Morsetelegraphie) den Buchstaben ‚a' senden wollen, müssen wir das Zeichen, das im Morsealphabet ‚a' bedeutet, wählen: · −, im Funkverkehr ergibt das die Hörstruktur: kurz - lang. Die Bedeutung der Zeichenreihe: ···· − − − ··· · kann nur der erkennen, der den hier verwandten Code (das Morsealphabet) kennt; sie bedeutet im übrigen: Code.

Die Zeichenerklärungen, bei Landkarten auch Legende genannt, Lexika u.a. sind also auch Codes, die ein Verstehen des Dargestellten oft erst möglich machen.

Auch Sprachregeln, die ein ‚richtiges' Verwenden der Sprache ermöglichen, sind Codes, wie auch die Wörterbücher, die entweder beschreiben, welches Wort zu welchem Sachverhalt gehört, oder welches Wort der einen Sprache dem einer anderen entspricht. Als Beispiel seien hier vier Zeichen (Wörter), die alle denselben Sachverhalt bezeichnen, genannt: tree (engl.) - arbre (franz.) - 木 = ki (japan.) - Baum (dtsch.)

Ebenso wie die verschiedenen Nationalsprachen besitzen auch die Dialekte und die Fachsprachen ihre eigenen Codes. Daraus läßt sich auch oft die Unfähigkeit vieler Fachleute, sich einem Laien verständlich zu machen, erklären.

Zusammenfassend kann man sagen, daß immer dann codiert wird, wenn eine gedankliche (meist schon verbale) Information in irgendeiner Weise materialisiert, d.h. ausgesprochen, geschrieben oder anderweitig dargestellt wird oder wenn diese codierte Information in irgendeiner anderen ‚Sprache', Darstellungsweise wiedergegeben wird. Dabei ist darauf zu achten, daß der Empfänger der Nachricht den verwendeten Code kennt, da anderenfalls die Entschlüsselung der Information nicht oder nur sehr schwer möglich ist.

Hiero- glyphen	Hiera- tisch	Demo- tisch	Bedeutung	Hiero- glyphen	Hiera- tisch	Demo- tisch	Bedeutung
			Denkmal				Feuer
			Ägypten				Knoten
			Baum				Fessel
			männliche Pflanze				Buch
			Blume				schreiben
			Kraut				Sattel

5. Die Störung

Dieser Begriff stammt, wie die meisten der Informationstheorie, in seiner speziellen Bedeutung aus der Nachrichtentechnik. Noch deutlicher wird dies bei dem Begriff ‚Rauschen‘, der in diesem Bereich ein Synonym für Störung ist.

In der Nachrichtentechnik ist das Problem auch offensichtlich. Z. B. empfängt die Radaranlage nicht nur Signale, die von Flugzeugen etc. reflektiert werden, sondern auch solche, die durch atmosphärische Störungen reflektiert werden. Auch vom Fernsehempfang her kennen wir die Einflüsse, die atmosphärische Störungen verursachen können. Oder denken wir an die Mühen, die es kostet, eine Rundfunksendung auf Kurz- oder Langwelle störungsfrei (rauscharm) zu hören.

Doch auch im täglichen Leben können wir Störungen im Bereich der Kommunikation feststellen. Z. B. kann der Straßen- oder Baustellenlärm so groß sein, daß die Verständlichkeit eines daneben geführten Gesprächs stark beeinflußt wird. Optische Anlagen wie z. B. Blinkanlagen sieht man besser, störungsfreier, wenn die - in diesem Fall - störenden Sonnenstrahlen auf Distanz gehalten werden, indem man die Umgebung abdunkelt.

Störungen liegen also vor, wenn die physikalischen Signale der Nachricht von anderen Signalen verstellt, beeinträchtigt oder überlagert werden, wenn nicht mehr mit absoluter Sicherheit gesagt werden kann, welche Signale zur Nachricht und welche zum Umfeld gehören.

Das kann z. B. auch dann geschehen, wenn die Struktur einer Darstellung der Struktur des Umfeldes zu ähnlich ist. Wenn alle Plakate an einer Litfaßsäule die gleiche Grundfarbe oder ähnliche Schriften und Schriftanordnungen haben, wird es für den Betrachter schwer zu sagen, welche Schriftzeilen zueinander gehören, wo das eine Plakat zu Ende ist und wo das nächste anfängt.

Solchen Störungen kann durch eine prägnante Gestaltung entgegengewirkt werden (siehe III.5.)

40

6. Die Redundanz

‚Redundance' ist englisch und bedeutet: Überfluß, Überfülle. In der Informationstheorie wird der Begriff folgendermaßen definiert: „Wenn durch Verwendung eines geeigneten Codes eine Kürzung der Information (z. B. einer Zeichenfolge) möglich ist, ohne daß Informationsverlust eintritt, liegt Redundanz vor." (102, S. 515) D. h. daß alle Zeichen, z. B. Wörter einer Nachricht, die ersatzlos gestrichen werden können, ohne den Inhalt der Nachricht zu verändern, zunächst einmal überflüssig, also redundant sind.

Doch nicht alle redundanten Zeichen sind sinn- und zwecklos. Wir müssen also zwischen ‚nützlicher' und ‚leerer' Redundanz unterscheiden. Nützlich redundant sind alle die Zeichen, die an die Stelle anderer Zeichen innerhalb dieser Information treten können und dies auch tun, wenn diese anderen durch Störungen unverständlich geworden sind. Nützlich redundante Zeichen haben also die Funktion, die Nachricht trotz der Verstümmelungen, die durch Störungen verursacht wurden, verständlich zu erhalten. Wenn z. B. jemand die folgende Nachricht aufmerksam liest, wird er feststellen, daß bei der Satzherstellung dem Setzer ein Fehler unterlaufen ist: „. . . am 1. Juni, dem Tag des Sommeranfangs . . .", wäre das Datum richtig geschrieben, wäre der Zusatz „. . . dem Tag des Sommeranfangs . . ." überflüssig, redundant. Nachdem jetzt aber dieser Druckfehler passiert ist, hat der interessierte Leser die Möglichkeit, durch diesen Hinweis das fehlerhafte Datum richtigzustellen. Dieser Zusatz ist also nützlich redundant.

nützliche Redundanz

Stünde aber stattdessen der Zusatz: „. . . an einem Sommertag . . .", würde sich der Datumsfehler vom Leser nicht mehr korrigieren lassen, denn der 1. Juni kann auch als Sommertag bezeichnet werden. In diesem Fall läge also eine leere Redundanz vor.

leere Redundanz

Ein Großplakat: Original und . . .
3 Plakate im DIN Format reichen, um die ursprüngliche Information unkenntlich zu machen.

7. Die Information

Auch hier zunächst die informationstheoretische Definition: „die allgemeine Bezeichnung für die mit einem Ereignis verbundene ‚Ungewißheit‘, bei gleichwahrscheinlichen Ereignissen die minimale Anzahl von Binärziffern, die zur Kodierung eines Ereignisses erforderlich ist (Informationsmaß). Dabei versteht man unter Information jede Art von Zeichen, die eine Nachricht bedeutet." (49, S. 144)

Diese Form der Definition entstand wiederum aus den Bedürfnissen der Nachrichtentechnik, z. B. solche Nachrichtensysteme zu schaffen, die mit einem ökonomisch vertretbaren Aufwand zuverlässig eine vorgegebene Menge von Zeichen in einem vorgegebenen Kanal transportieren können. Dabei bot sich als einfachster und schnellster Code für ein solches System die Binärziffern und die Binärentscheidung an, der sogenannte Binärcode. Das bedeu-

Binärcode tet, daß nur zwei Zeichen, z. B. 0 und 1 oder ‚ja‘ und ‚nein‘ das ganze Alphabet sind. In diesem Fall wird die Menge der Information, z. B. das verbale Alphabet, immer wieder halbiert, wobei in jedem Schritt die eine Hälfte die ‚0‘ und die andere die ‚1‘ zugeteilt bekommt. Dies ist ein rein statistisches Vorgehen, das beim Erfragen eines Sachverhalts eine große Hilfe sein kann, da mit jeder Entscheidung die Hälfte der Auswahlmöglichkeiten ausgeschieden wird.

Z. B. kann man auf diese Weise jedes vorab bestimmte Feld eines Schachbretts mit nur sechs Entscheidungen finden. Die erste Frage: Ist das Feld in der oberen Hälfte? – nein. Die zweite Frage: Ist das Feld in der linken Hälfte der unteren Hälfte? – ja. . . .

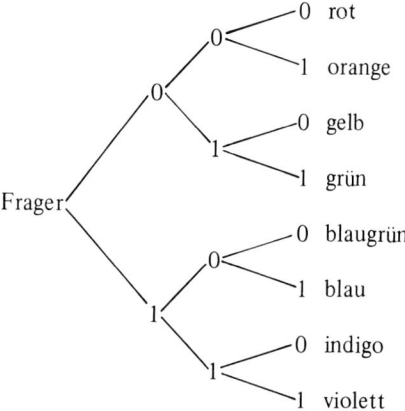

Um aus 8 Farben eine bestimmte zu erfragen, benötigt man unter diesen Umständen 3 Fragen. Wenn wir diese Entscheidungen mit ‚0‘ und ‚1‘ bezeichnen, erhalten wir für jede Farbe ein Codezeichen. Z. B. das für die Farbe ‚rot‘ ist ‚000‘, das für ‚blau‘ ist ‚101‘, und für ‚gelb‘ erhalten wir die Zahlenkombination ‚010‘.

Schwieriger wird allerdings die Rechnung, wenn die Wahrscheinlichkeiten für ‚ja‘ bzw. ‚nein‘ nicht gleich groß sind. Aber auch dafür haben die Mathematiker Formeln gefunden, mit deren Hilfe die Zahl der Binärentscheidungen errechnet werden kann.

Jede dieser Entscheidungen ist für den Informationstheoretiker eine Information. Je mehr Entscheidungen gefällt werden müssen, um so größer ist der Informationsgehalt. Gemessen wird diese Information in der Einheit ‚bit‘, das ist die Abkürzung von ‚binary digit‘, was soviel wie Binärziffer heißt. Jede Binärentscheidung ist 1 bit. Im Beispiel mit dem Schachbrett haben wir also eine Information von 6 bit und bei der Farbwahl 3 bit.

bit

Für eine solche Art der Informationsberechnung ist weder der Sinngehalt der Nachricht noch die Bedeutung, die diese Nachricht für den Empfänger hat, von Bedeutung, sie sind so auch nicht faßbar. Bei G. Klaus lesen wir dazu: „Es empfiehlt sich, die Informationen, die zwischen Menschen ausgetauscht werden, als ‚Nachrichten‘ zu bezeichnen und als Teilklasse der Klasse der Informationen zu behandeln. Nachrichten in diesem Sinne sind dann stets direkt oder indirekt mit Bewußtseinsvorgängen verknüpft. Die Besonderheiten dieser Teilklasse von Informationen lassen sich durch Analyse des Bewußtseins und seines materiellen Trägers ableiten.“ (102, S. 526)

Information – Nachricht

Im weiteren Verlauf dieser Abhandlung werden wir uns bemühen, dieser Empfehlung zu entsprechen und aus diesem Grund versuchen, den Begriff der Information möglichst zu meiden, da er in den seltensten Fällen in dieser Definition für unsere Arbeit von Bedeutung ist. Leider ist diese Begriffsunterscheidung, auch in ihren Konsequenzen, nicht immer beachtet worden. Dadurch können Mißverständnisse von sehr großer Tragweite entstehen, indem man glaubt, Informationen, wie wir sie im täglichen Leben und Sprachgebrauch verstehen, in dieser statistischen Rechnung der Informationstheorie in Bezug auf ihren Informationsgehalt etc. analysieren zu können. Man meint die alltägliche Information und berechnet sie nach Maßstäben, die für völlig anders geartete Informationen entwickelt wurden.

Ähnlich ergeht es den Autoren des ‚Kataloges zur Ausstellung der Grundlehre im Fachbereich Gestaltung‘ (52), indem zuerst der ‚Alltagsbegriff der Information‘ erörtert wird. Dem schließt sich ein erweiterter und untergliederter Informationsbegriff an, dem dann schließlich das Kapitel über die Messung der Information mit einer ausführlichen mathematischen Erläuterung der nicht ganz einfachen Rechenvorgängen folgt. Dabei wird zwar erwähnt, daß der Informationsbegriff von Shannon, einem der Begründer der Informationstheorie, nicht mit dem Alltagsbegriff identisch sei. Aber worin sie sich unterscheiden und welche Bedeutung diese Differenz für die Relevanz der Informationsmessung im Bereich der Gestaltung hat, dies wird außer Acht gelassen bzw. nicht erwähnt.

Die Informationstheorie, die all diese Methoden des Berechnens von Information u. a. entwickelt hat, ist eine spezifisch mathematische Theorie. Y. Bar-Hillel, ein amerikanisch-israelischer Kommunikationstheoretiker, hat deshalb auch vor einer unkritischen Übernahme dieser Terminologie und den Gesetzen der Informationstheorie in andere Bereiche, in denen auch der Begriff der Information vorkommt, gewarnt: „Unglücklicherweise hat sich häufig gezeigt, daß die Terminologie und die Gesetze der statistischen Kommunikationstheorie von ungeduldigen Wissenschaftlern verschiedener Disziplinen auf Bereiche angewendet werden, in denen bisher der Ausdruck ‚Information‘ im semantischen Sinne ... oder sogar im pragmatischen Sinne benutzt worden ist ... (43, S. 260)

Es wird zwar wichtig sein, in der Zukunft weiter zu verfolgen, welche neuen Erkenntnisse in der Informationstheorie noch gewonnen werden und welche Erkenntnisse aufgrund dieser neuen Tatsachen in anderen, uns interessierenden Wissenschaftsbereichen wie z. B. der Psychologie gefunden werden. Da aber in absehbarer Zeit kaum Plakate u. a. im Bereich der

Gestaltung nach diesen mathematischen Berechnungen entworfen werden, halte ich es für nicht notwendig, an dieser Stelle den mathematischen Aufbau dieser Theorie zu erörtern.

In einer Beziehung ist sie aber auch für uns nützlich, nämlich dadurch, daß sie die Vorgänge, die in einer Kommunikationskette ablaufen, genau und exakt analysierte und damit auch den Kommunikationsablauf durchsichtiger machte. Dadurch wurde es möglich, konkreter und exakter über die Probleme unserer Arbeit zu diskutieren und auch mögliche Fehler leichter zu finden und zu verstehen. Deshalb wollen wir auch in unseren weiteren Betrachtungen nicht auf die für uns relevanten Erkenntnisse dieser Theorie verzichten.

8. Der Zeichenvorrat

Der Zeichenvorrat ist informationstheoretisch gesehen eine strukturierte Menge von Zeichen, die in ihrer Gesamtheit ein sogenanntes Repertoire ausmachen. Synonym für ‚Zeichenvorrat' stehen auch die Begriffe ‚Alphabet' und ‚Sprache' als verbale und nichtverbale Zeichensysteme.

Unter Zeichen verstehen wir physikalische Ereignisse, auch Signale genannt, die etwas bezeichnen und an einen Empfänger gerichtet sind. Einfachstes Beispiel für einen Zeichenvorrat ist unser Alphabet: a, b, c, ... oder der Wortschatz einer Sprache, wie wir ihn in einem Lexikon finden: ... Abhängigkeit, ... Bedeutung, ... Charakter, ... Mit Hilfe eines solchen Repertoires sind wir in der Lage, mit einem Gegenüber zu kommunizieren, indem wir ihm eine entsprechende Auswahl an Zeichen übermitteln. Ist der Zeichenvorrat beim Empfänger der gleiche oder ähnlich dem unsrigen, ist ihm ein Verstehen der Nachricht möglich, da er die Bedeutung der Zeichen zu deuten weiß. Ein negatives Beispiel hierfür sind die Verständigungsschwierigkeiten, die zwischen Menschen verschiedener Sprachräume, aber auch zwischen Wissenschaftlern verschiedener Disziplinen und zwischen Fachmann und Laie auftreten können. Sie beruhen meist auf der Unkenntnis des verwendeten Zeichenvorrats, ansonsten auf der Unkenntnis des Codes, d.h. der Grammatik.

Ein Zeichenvorrat besteht immer aus mehreren Zeichen (mindestens zweien, siehe Binärcode), die innerhalb dieses Systems verschiedene Aufgaben erfüllen. Mit der Untersuchung dieser Aufgaben und den Bedingungen, die die Zeichen erfüllen müssen, um funktionstüchtig zu sein, beschäftigt sich die Semiotik, die Lehre von den Zeichen, auch Zeichentheorie genannt.

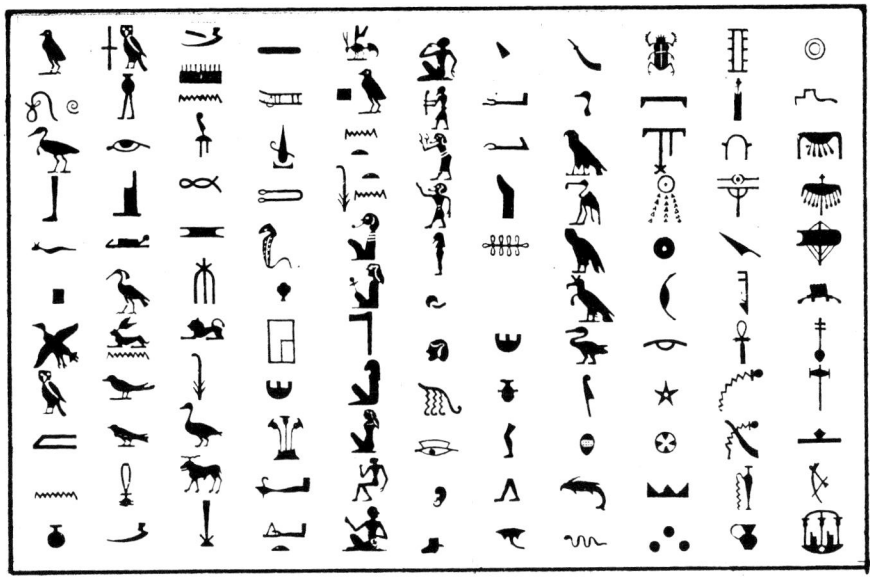

Ein Ausschnitt aus dem Zeichenvorrat der alten Ägypter

9. Die Semiotik

„Die Semiotik ist die allgemeine Theorie der sprachlichen Zeichen. Die Semiotik als Teil der Erkenntnistheorie untersucht nicht die konkreten Zeichen bestimmter Sprachen, sondern ist allgemeine Sprachtheorie." (102, S. 978) D. h. sie untersucht nicht die geschriebenen, gemalten oder gesprochenen Zeichen mit ihren individuellen Eigenschaften und Besonderheiten, sondern sie abstrahiert von dem physikalischen ‚Ereignis‘ (Schallwellen etc.), dem ‚Zeichenexemplar‘ und beschäftigt sich mit der ‚Zeichengestalt‘.

Zeichenexemplar

Zeichengestalt

Die Zeichengestalt ist die Abstraktionsklasse aller einander isomorpher (gleichgestaltiger) Zeichen, sie ist die Struktur, das Gemeinsame aller äquivalenter Zeichenexemplare. Z. B. haben die folgenden Buchstaben alle die gleiche Zeichengestalt, obwohl es verschiedene Schriften und Schriftgrößen sind: e e e e. Alle vier Zeichen haben die Zeichengestalt ‚e‘.

Leider hat es sich eingebürgert, daß in der Semiotik von ‚Zeichen‘ gesprochen wird, während ‚Zeichengestalt‘ gemeint ist. Aber da sie in erster Linie auf erkenntnistheoretischen Überlegungen beruht, kommt sie fast nie mit Zeichenexemplaren in Berührung. In diesem Kapitel über die semiotischen Bereiche werden wir uns dieser Terminologie bedienen; Zeichen bedeutet hier also immer ‚Zeichengestalt‘.

Die Semiotik läßt sich in drei Disziplinen untergliedern: die Syntaktik, die Semantik und die Pragmatik. In diesen Disziplinen werden die Regeln und Beziehungen, die in einer Sprache gelten, beschrieben oder formuliert. Das geschieht dann in der sogenannten Metasprache. Wir müssen hier zwischen der Sprache, die Objekte beschreibt, und der, in der über diese Sprache gesprochen wird, unterscheiden. Die erstere wird Objektsprache oder auch als ‚Sprache der ersten Stufe‘ bezeichnet, die zweite dann als ‚Metasprache‘ oder auch ‚Sprache der zweiten Stufe‘. Wird über die Metasprache gesprochen, so geschieht das in der Meta-Metasprache usw.

Objektsprache
Metasprache

Gegenstand der semiotischen Untersuchungen sind also die Sprachen. Dabei müssen wir zwischen zwei grundsätzlich verschiedenen Sprachen unterscheiden, nämlich zum einen der ‚natürlichen, gegebenen‘ Sprachen und den ‚konstruierten, künstlichen‘ Sprachen. Natürliche Sprachen sind alle Umgangsprachen, auch viele der üblichen, meist abbildartigen, grafischen Darstellungen, künstliche Sprachen z. B. ALGOL, die Sprache der Elektronengehirne und Digitalrechner, oder Zeichensysteme wie z. B. der Elektrotechnik. Das sind Sprachen, die speziell auf die Bedürfnisse der Menschen und Maschinen, die mit ihnen zu arbeiten haben, hin entwickelt wurden. Fachsprachen sind meist eine Mischung aus natürlicher und künstlicher Sprache, da sie im allgemeinen nur einzelne, künstlich geschaffene Termini, die in die natürliche Sprache eingebaut wurden, enthalten.

natürliche Sprache
künstliche Sprache

Fachsprache

Aus diesem Grund müssen wir auch zwischen ‚beschreibender‘ und ‚reiner‘ Syntaktik und Semantik unterscheiden. Denn bei den natürlichen Sprachen kann die Syntax bzw. die Semantik nur beschreibend festgestellt werden, während bei künstlichen Sprachen sowohl Syntax als auch Semantik genau festgelegt werden und sich, sofern die Sprache insgesamt nicht verändert werden muß, auch nicht ändern. In der Syntax und der Semantik wird bestimmt, was in der jeweiligen Sprache an Formulierungen sinnvoll oder möglich ist. Ihre besondere Bedeutung erhält die Semiotik daher auch bei der Erstellung von programmierten Maschinensprachen.

9.1. Die Syntaktik

Die Syntaktik ist die Theorie der Syntax, d. h. sie untersucht die Beziehungen, die zwischen den verschiedenen Zeichen der Sprache bestehen. Das heißt weiter, daß sie sowohl von der Beziehung, die zwischen Zeichen und Bezeichnetem besteht, als auch von der Bedeutung, die diese Zeichen haben, und ebenso von dem gesellschaftlichen Bezug der Zeichen, d. h. welche Wirkung sie auf den Empfänger haben, absieht. Sie beschreibt die Klassen und Typen von Zeichen, und sie stellt Regeln auf, nach denen die Elemente dieser Zeichenklassen zu Ausdrücken verbunden werden können und bestimmt die Eigenschaften, die solche Ausdrücke haben. Sie ist also eine Art Grammatik. Das bedeutet, daß eine Sprache, wenn ihre Syntax straff und eindeutig ist, allein aufgrund der korrekten Anwendung nur ‚wahre‘ Sätze zuläßt.

Grammatik

Demgegenüber ist die Syntax der natürlichen Sprachen wesentlich weniger eindeutig und streng, da diese Sprachen sich nicht nach Vorschriften einer Syntax richten, sondern in einem langen historischen Prozeß, unter dem Einfluß der unterschiedlichsten Momente entstanden sind und sich dementsprechend ‚unkontrolliert‘ weiterentwickeln. Einerseits entsteht zwar dadurch eine gewisse Ungenauigkeit innerhalb sprachlicher Zeichenreihen, andererseits besitzt sie aber dadurch eine größere Ausdrucksbreite und Flexibilität. Diese Ungenauigkeit ist auch der Grund für die relativ große Redundanz, die die natürlichen Sprachen kennzeichnet. Sie ist es auch, die selbst dann noch eine Verständigung ermöglicht, wenn die Regeln der Syntax nicht exakt eingehalten werden.

Zeichenreihe

Im gestalterischen Bereich gibt es keine feststehende Syntax, da der gesamte Bereich nicht als ‚eine‘ Sprache zu verstehen ist. Es gab allerdings immer wieder ‚Gesetzmäßigkeiten‘ und ‚Empfehlungen‘ für die richtige Komposition eines Bildes wie z. B. den ‚goldenen Schnitt‘. So kann auch die Kombinatorik als syntaktische Regel angewandt werden (siehe auch Kapital 1.3.1–3 und 2.2. in Teil III). Man kann sich eine feste Syntax für bestimmte Zwecke aufbauen, aber sie wird nie die einzig mögliche sein.

Eine relativ klare Syntax finden wir bei der Gestaltung von Illustrierten, Bücher, Plakat- und anderen Serien, im sogenannten Layout. Es bestimmt die Grenzen, die Reihenfolge und die Ausmaße der Text- und Bildanordnung und damit das ‚Gesicht‘, die Aufmachung des jeweiligen Produkts.

9.2. Die Semantik

Bedeutung

Die (logische) Semantik hat die Beziehungen, die zwischen den Zeichen und ihren ‚Bedeutungen' – dem, was sie bezeichnen – existieren, zum Gegenstand. Dazu kommt noch als Teilbereich der Semantik die Sigmatik, die sich mit den Beziehungen, die zwischen Zeichen und Bezeichnetem (Designatum) bestehen, beschäftigt.

Die wesentliche Aufgabe der ‚reinen' Semantik ist es, wie oben erwähnt, Bedingungen für die Konstruktion ‚idealer' Sprachen anzugeben. Dazu gehört z.B. das Erreichen eines sprachlichen Zustandes, der jede Mehrdeutigkeit der Zeichen ausschließt. Ebenso gilt es Regeln aufzustellen, die besagen, wie sich die Bedeutung zusammengesetzter Zeichen (Superzeichen) aus der Bedeutung der Einzelzeichen ergibt.

Wörterbuch

Im Bereich der natürlichen Sprachen kann die Semantik, ebenso wie die Syntaktik, nur beschreibend wirken. Diese Funktion übernimmt in der verbalen Sprache das Wörterbuch bzw. das Lexikon, soweit es nur die Definition der Wörter angibt und von der meist mit Emotionen belegten Anwendung dieser Wörter absieht, da dieser Bereich nicht mehr zur Semantik gehört.

Im gestalterischen Bereich gibt es wiederum nur in genau abgegrenzten Zeichensystemen ein solches ‚Lexikon', die Legenden oder Zeichenerklärungen, wie die folgenden:

Icon
Index
Symbol

Entscheidend für ein Zeichen unter semantischem Aspekt ist, daß es dem bezeichneten Objekt bzw. Sachverhalt in irgendeiner Weise entspricht, adäquat ist. Die Zeichen oder Zeichenreihen (Wörter, Aussagen) sollten zumindest indirekt über ihre Bedeutung die entsprechenden Objekte oder Sachverhalte darstellen. Dabei wird ein Zeichen, das in irgendeiner Form Abbildcharakter hat wie z.B. eine stilisierte Zeichnung oder eine Fotografie, als ‚Icon', ein solches, das Hinweischarakter hat wie ein Wegweiser, als ‚Index' und ein solches, das abstrakt ‚für etwas steht', das etwas repräsentiert, ohne irgendwelche Ähnlichkeit zu diesem zu besitzen, als 'Symbol' bezeichnet.

48

9.3. Die Pragmatik

Die Pragmatik ist die letzte, gleichzeitig aber auch die komplexeste Disziplin der Semiotik. Sie beschäftigt sich mit den Beziehungen, die zwischen Zeichen und Benutzer der Zeichen bestehen. Dabei untersucht sie, wie der Benutzer die Zeichen auswählt, warum er sie wählt und zu welchem Zweck er sie wählt.

Auf der anderen Seite stellt sie aber auch die Frage nach der Wirksamkeit der Nachrichten beim Empfänger. Auf diese Art schließt sie auch die Probleme der Syntaktik und Semantik mit ein. **Wirksamkeit**

Nur in künstlichen Sprachen, die exakt formuliert sind, kann man in gewisser Weise vom pragmatischen Aspekt der Zeichen absehen, da in solchen Sprachen weder Gefühle noch Assoziationen und Einstellungen u. a. mit im Spiele sind. Rechenautomaten und ähnliche Geräte, für die solche Sprachen entwickelt wurden, arbeiten in erster Linie mit der Syntax einer Sprache, wobei die semantische Dimension der Zeichen in syntaktische Strukturen umgearbeitet wird.

Beim Menschen ist dagegen die gesamte, vielfältige Organisation von Körper und Geist an der Auswahl und Verarbeitung der angebotenen Reizvielfalt, der Zeichen, beteiligt. Hier spielen auch die Faktoren der Bedeutung und Bewertung der Zeichen eine Rolle. Hieraus wird ersichtlich, welch ungeheuer komplexe und schwere Aufgabe es sein wird, in diesem Bereich die Probleme der Pragmatik zu erforschen. Das wird nicht zuletzt der Grund dafür sein, daß dieser Bereich der Semiotik bisher am wenigsten erforscht ist. **Bewertung**

Trotzdem ist die Pragmatik der Bereich der Semiotik, dem wir in unserem Studium die meiste, wenn auch oft sehr wenig wissenschaftliche, Aufmerksamkeit widmen müssen.

9.3.1. Die Parteilichkeit

Unter dem Gesichtspunkt der Wirksamkeit und Adäquatheit der Zeichen sind die ‚Parteilichkeit‘, die ‚Nützlichkeit‘ und die ‚Evidenz‘ wichtige pragmatische Kategorien.

Auswahl
Da ein Sender nicht in der Lage ist, ein Objekt, über das er eine Mitteilung machen will, mit all seinen Eigenschaften und Abhängigkeiten zu beschreiben, wird er stets nur die Eigenschaften erwähnen, die ihm in dieser Situation für dieses Objekt als die wichtigsten erscheinen. Dabei kann es vorkommen, daß er in einem zweiten Fall für dasselbe Objekt in erster Linie andere Charakteristika auswählt. Diese Auswahl der Eigenschaften ist abhängig von dem jeweiligen Standpunkt, politisch, ökonomisch, etc., seinen Bedürfnissen, Interessen usw.

Besonders offensichtliche Beispiele für die Parteilichkeit sind selbstverständlich die Äußerungen der verschiedenen politischen Parteien, aber auch in den politischen Kommentaren der Zeitungen etc. können wir sie gut erkennen. Hier zwei Beispiele: am 16. 10. 1972 war im Kommentar der ‚Frankfurter Rundschau‘ zum Wahlparteitag der SPD zu lesen: „. . . Daß die Mannschaft Brandt mit Selbstbewußtsein in den Wahlkampf geht, wurde deutlich an dem Verzicht auf allzu grobschlächtige Polemik.“ Und am selben Tag lesen wir zum selben Thema in der ‚Welt‘: „. . . Barzel und Strauß werden (von Brandt und Schmidt) . . . Beschimpfungen zuteil, die den Wiesbadener Unionsparteitag (CDU) . . . nachträglich wie den Jahresausflug eines Schweizer Mädchenpensionats erscheinen lassen . . .“

Ein weiteres Beispiel für die Parteilichkeit der Zeitungen ist die Wahl der ‚ersten Artikel‘ und ihrer Überschrift, dem jeweiligen ‚Aufmacher‘ der Zeitungen, links oben auf der Titelseite. Dazu drei Beispiele aus Zeitungen vom 16. 10. 1972: in der ‚BZ‘: „Heckenschütze am Kudamm“; in der ‚Welt‘: „Washington hat toten Punkt der Gespräche mit Hanoi überwunden“; in der ‚Frankfurter Rundschau‘: „Bonn erhofft Beruhigung im Konflikt mit den Arabern“.

Allerdings: „Parteilichkeit äußert sich sicherlich nicht nur in der Auswahl der Objekte, auf die sich die Gedanken richten, sondern auch in der Art und Weise, wie die Gedanken mit der Gesamtheit der Gefühle, Willensregungen, Motive usw. verbunden sind. Über diese Emotionen wird die bewußte oder unbewußte Parteilichkeit des Denkens und Sprechens beeinflußt.“ (101, S. 117)

Insgesamt können wir festhalten, daß keine Aussage im Bereich der natürlichen Sprachen wirklich unparteilich ist. Diese Tatsache ist nicht, wie der eine oder andere denken mag, negativ und deshalb abzulehnen.

neutral
Diese Tatsache zu kennen und zu akzeptieren ist wichtig, da noch viel zu oft von der neutralen, unparteilichen Arbeit der Wissenschaft, unparteilichen Gutachten etc. gesprochen wird. Selbst wenn der Versuch gemacht wird, unparteilich zu arbeiten, ist es eine parteiliche Einstellung, möglicherweise in der Hoffnung, niemandem ‚weh zu tun‘ und damit für jede mögliche Interessengruppe interessant zu sein.

9.3.2. Die Nützlichkeit

Auch die Nützlichkeit ist eine pragmatische Kategorie, da der Kommunikator ja mit jeder Nachricht beabsichtigt, den Empfänger gemäß seiner Intention in irgendeiner Weise – auch durch ‚reine' Information – zu lenken. Hierzu noch einmal ein Beispiel aus der Politik.

Als Prof. K. Schiller im Frühjahr 1972 noch Minister für Wirtschaft und Finanzen in der SPD/FDP-Regierung der Bundesrepublik war, wurde er von der CDU/CSU-Opposition als unfähiger und untauglicher Minister angeprangert, der die deutsche Wirtschaft, das Wirtschaftswunder zerstört und ruiniert. Dies geschah in erster Linie, um dem politischen Gegner zu schaden bzw. das eigene Ansehen in der Bevölkerung zu verbessern. Als Prof. K. Schiller dann von seinem Amt zurücktrat und aus seiner Partei ausschied, war nichts mehr von den früheren Anschuldigungen zu vernehmen. In der Hoffnung auf die große Popularität und das Ansehen, das dieser Mann bis zu diesem Zeitpunkt bei der Bevölkerung hatte, wurde er in der CDU plötzlich zu ‚dem' Mann, der um die richtige Wirtschaftspolitik bemüht gewesen wäre, der die (CDU-)-Marktwirtschaft fortgesetzt hätte, der aber an der Haltung seiner ‚Genossen' gescheitert wäre. Aus diesen Reihen war kein Wort der Kritik mehr zu hören, obwohl K. Schiller selbst jetzt noch behauptete, dieselbe Wirtschaftspolitik zu vertreten, die er im Frühjahr 1972 gemacht hatte. Auch diese Art der Argumentation von Seiten der CDU/CSU war von Überlegungen der Nützlichkeit, d. h. der SPD/FDP schaden zu wollen, geprägt.

Aussagen können auf verschiedene Art und Weise ‚manipuliert' werden, um ihrer Funktion der Parteilichkeit bzw. Nützlichkeit gerecht zu werden. Z. B. kann man aus einer Anzahl von Nachrichten je nach Intention entweder nur die ‚guten' oder die ‚schlechten' auswählen und weitervermitteln. Dies ist eine Praxis, wie sie in jedem Land mit offizieller Zensur für die Presse selbstverständlich ist. Entsprechendes machen die politischen Parteien, wenn sie z. B. der Öffentlichkeit ihre Wahlprogramme mitteilen. Dort wird von Erfolgen, von wichtigen und ‚guten' Plänen etc. gesprochen, doch es wird kaum einmal über einen Mißerfolg, eine Fehleinschätzung in einer bestimmten Situation eine Mitteilung gemacht werden. Parteilichkeit beim Formulieren und Veröffentlichen von Informationen kann also auch im Verschweigen und Unterdrücken einzelner Nachrichten bestehen.

Falls aber ein Verschweigen solcher Informationen nicht möglich ist, wird man versuchen, die Bedeutung des Unangenehmen zu relativieren. Die Nachricht wird unter solchen Umständen ‚gesendet', in einen solchen Kontext gebracht, daß sie entweder unwichtig oder uninteressant ist oder aber vielleicht sogar in einem positiven Licht erscheint. Wer etwas als außerordentlich schlecht erscheinen lassen will, wird es einfach im Zusammenhang mit (viel) Besserem vergleichen.

Eine weitere Form, Aussagen zu manipulieren, ist, die Aussagesätze umzuformulieren, mit anderen Worten dasselbe zu sagen. Dies ist möglich, da die meisten Worte in irgendeiner Form mit Emotionen beladen sind. Dazu folgendes Beispiel: „. . . 21.3. Die im kühlen Mondlicht silbern schimmernde Nacht des Frühlingsanfangs . . ." und: . . . Die Nacht vom 21.3. zum 22.3. 19. . ." In beiden Formulierungen geht es zunächst einmal um denselben Sachverhalt: Zu bestimmen, wann etwas war, und doch reagiert der Empfänger auf diese beiden Mitteilungen sehr verschieden.

Aus diesem Grund muß man beim Gebrauch von Wörtern und anderen Zeichen immer berücksichtigen, ob und wenn ja, welche Emotionen mit diesen Zeichen angesprochen

	werden und wie weit negative oder positive Erinnerungen und Assoziationen an sie geknüpft
Assoziation	werden und wie weit negative oder positive Erinnerungen und Assoziationen an sie geknüpft
Erinnern	werden. Denn auch durch Assoziationen und Erinnerungen kann der Fluß der Nachrichten-

Assoziation
Erinnern

werden und wie weit negative oder positive Erinnerungen und Assoziationen an sie geknüpft werden. Denn auch durch Assoziationen und Erinnerungen kann der Fluß der Nachrichtenübermittlung beeinträchtigt, ja sogar gestoppt werden, oder aber die Bedeutung der Nachricht verfälscht werden. So gibt es z. B. Menschen, für die der Begriff „Kommunist" ein Schimpfwort allerersten Ranges ist, während andere diese Bezeichnung als ausgesprochen positiv und ehrend verstehen.

9.3.3. Die Evidenz

Auch die Evidenz ist eine wichtige Kategorie der Pragmatik. Evidenz heißt „Augenfälligkeit", „selbstverständliche Gewißheit". Aussagen wollen wir als evident verstehen:

„a)..., wenn wir sie für wahr halten und wenn sie unseren intellektuellen Fähigkeiten adäquat sind;

b)..., wenn sie sich zwanglos in das Aussagengefüge einordnen lassen, von dessen Wahrheit wir bereits überzeugt sind;

c) allgemein gelten Informationen als evident, wenn ihre Aufnahme, Verarbeitung, Speicherung für uns zu den relativ einfachen Informationsproblemen zählt." (101, S. 139)

Schlagworte
Sprichworte
Parolen

Dazu gehören also Schlagworte, Sprichwörter, Parolen, einfache Sätze usw., deren Aussagen geglaubt werden, auch ohne daß der betreffende Beweis geführt werden muß. So ist selbstverständlich für jeden ‚richtigen' Tierfreund das Sprichwort: „Quäle nie ein Tier zum Scherz, denn es fühlt wie du den Schmerz" eindeutig evident. In derselben Weise bedarf der Antikommunist keines Beweises, um den Satz: „Alle Kommunisten sind totalitär" zu glauben.

Suggestion

Die Evidenz einer Aussage übt eine mächtige suggestive Kraft aus, die sie zu einer Agitations-, Propaganda- und Werbekategorie par excellence macht.

52

Zusammenfassend darf ich hier einige Sätze aus dem Traktat ‚Die Macht des Wortes‘ von G. Klaus zitieren, in denen er versucht, die Erkenntnisse der Pragmatik für eine effektive Anwendung in einer Sprache zu formulieren:

Zusammenfassung

„a) Die betreffenden Aussagen und Theorien müssen sprachlich so formuliert sein, daß diese Formulierungen sowohl an den Wissensvorrat der Menschen als auch an ihre Emotionen anknüpfen. Die Niveauhöhe solcher Aussagen, Theorien usw. darf weder zu hoch noch zu niedrig sein. Das muß vor allem bei der Agitation und Propaganda beachtet werden, denn komplizierte und schwierige Theorien erregen möglicherweise Bewunderung, aber sie wirken nicht. Banale Formulierungen hingegen erzeugen Geringschätzigkeit bzw. Langeweile.

b) Die sprachlichen Formulierungen solcher Aussagen und Theorien müssen so beschaffen sein, daß die Menschen, für die sie gedacht sind, zur Überzeugung gelangen, daß hier Ansichten ausgesprochen werden, die ihren eigenen Ansichten entsprechen und diese sogar fördern, ergänzen, genauer und deutlicher zum Ausdruck bringen.

c) In den Formulierungen, die Positives aufbauen sollen, sollte nichts enthalten sein, was Assoziationen an solche Thesen, Meinungen usw. hervorruft, mit denen die angesprochenen Menschengruppen in der Praxis schlechte Erfahrungen gemacht haben.

d) Die Formulierungen der betreffenden Aussagen und Theorien müssen über das, was bei der Menschengruppe schon bekannt ist, hinausgehen, sonst wirken sie banal und abstoßend. Sie dürfen aber nicht zu weit von dem schon Bekannten abweichen, sonst wirken sie entweder abstrakt akademisch und sind damit praktisch unbrauchbar, oder sie erwecken den Verdacht der beabsichtigten Täuschung.“ (101, S. 133)

Nach diesem Zitat muß noch darauf hingewiesen werden, daß sich die Pragmatik nicht mit dem Problem der ‚Wahrheit‘ oder ‚Falschheit‘ bzw. ‚Lüge‘ einer Aussage befaßt. Das ist die Fragestellung der Semantik, die die Korrektheit und Stimmigkeit zwischen Zeichen und bezeichnetem Objekt bzw. Sachverhalt feststellt.

Wahrheit
Lüge

So kann es auch nicht ausgeschlossen werden, daß falsche Aussagen, bewußt oder unbewußt, unter Anwendung der entsprechenden pragmatischen Regeln, erfolgreich ‚an den Mann‘ gebracht werden können.

III. Gestalterische Grundlagen

Entwerfen – Gestalten

Das Entwerfen, die Haupttätigkeit des Grafik-Designers, ist in erster Linie eine gedankliche Tätigkeit. Es ist das Entwickeln von Problemlösungen und das Visualisieren dieser Lösung. In den Erläuterungen zur Honorarordnung '69 des BDG heißt es dazu: „Das primäre Kennzeichen des Grafik-Designers ist vielmehr seine Fähigkeit, eine ihm gestellte Aufgabe geistig zu durchdringen und durch das Finden zweckentsprechender, sachlich und künstlerisch hochwertiger Lösungen zu bewältigen. Das Wesen seiner Tätigkeit ist also die ‚geistige‘ Leistung und erst in zweiter Linie die manuelle Fertigkeit." (21, S. 16) Zum Entwurf gehört also nicht primär die ‚saubere‘ und exakte Reinzeichnung, sondern ‚nur‘ die ‚richtige‘ Form der Darstellung. Die Form des Entwurfs ist also abhängig von dem Inhalt der zu übermittelnden Nachricht.

Denken und das gedankliche Entwickeln und Bearbeiten eines Problems ist andererseits aber kaum möglich ohne Kenntnis und Beherrschung der Sprache (Sprache wird hier im weitesten Sinne gebraucht). Denn die Sprache ist nicht nur meist die Form, in der die Gedanken erscheinen, sondern die sprachlichen Fähigkeiten sind auch wesentlich für den Verlauf des Denkens, da dieses meist analog der Strukturen und Formen der Sprache des Denkenden verläuft, d. h. je sprachgewandter jemand ist, desto komplexer und umfangreicher ist im Prinzip sein Denkvermögen. Denken

Da die ‚Bildsprache‘, derer wir uns im Normalfall beim Entwurf bedienen, andere Eigenschaften, Formen und Strukturen besitzt als die verbale Sprache, besteht neben der Abhängigkeit der gedanklichen Arbeit von der Beherrschung der verbalen Sprache auch eine solche von der Beherrschung der Bildsprache. Das Beherrschen auch dieser ‚Sprache‘, das Kennen ihrer Eigenschaften etc. ist also auch eine Vorbedingung für das Entwerfen. Bildsprache

Das Gestalten: Zu Beginn wollen wir die Hypothese aufstellen: „Gestalten ist das Machen von Gestalten." Was aber ist nun: „Gestalt"? Im Sinne der Gestaltpsychologie wurde der Begriff der ‚Gestalt‘ bzw. der ‚Gestaltqualität‘ von Chr. von Ehrenfels etwa folgendermaßen formuliert: Gestalt
  1. Die Gestalt (das Ganze) ist mehr als die Summe ihrer (seiner) Teile;
  2. Die Gestalt bleibt erhalten, auch wenn sich ihre Elemente ändern oder sie in verschiedenen Realitätsbereichen auftreten.

Die Übersummativität und die Transponierbarkeit sind für ihn konstituierende Bestandteile der Gestalt. Dabei ist wesentlich, daß die ‚Ganzheit‘ der Gestalt Eigenschaften besitzt, die keinem einzelnen Teil dieser Gestalt zuzuschreiben sind.

Paul Klee setzt ‚Gestalt‘ mit einem ‚lebendigen Wesen‘ gleich: „Gestalt ist mehr eine Form mit zugrundeliegenden lebendigen Funktionen." (105, S. 17)

In der Brockhaus Enzyklopädie lesen wir dazu: „abgeschlossene Einheit der Erscheinung eines Gegenstandes . . . Ordnungseinheit in der Mannigfaltigkeit von Bestandteilen einer Sache . . . Wesen einer Struktur . . ." (1. Bd 7, S. 237)

Und G. Klaus schreibt im ‚Wörterbuch der Kybernetik': „Gestalt: psychologischer Aspekt dessen, was man in der Mathematik als Invariante bezeichnet." (104, S. 230)

Alle diese Definitionen gehen davon aus, daß als äußere Grundlage der ‚Gestalt' eine Reihe elementarer, zusammengehöriger Teile vorhanden ist. Wesentlich aber ist die Tatsache, daß alle diese Teile in einer bestimmten Relation zueinander stehen, in einer bestimmten **Struktur** Struktur zu einer Ganzheit miteinander verbunden sind. Dies ist es, was G. Klaus unter ‚Invariante' versteht. Diese Struktur bleibt bei der Transposition einer Melodie in eine andere Tonart ebenso erhalten wie in den verschiedenen Ansichten eines Körpers oder den verschiedenen Darstellungen z. B. eines Dreiecks – mal klein, mal groß, mal in Farbe etc. – in jeder Darstellung bleibt es ein Dreieck.

Während die sogenannte ‚Elementenpsychologie' nachzuweisen versuchte, daß die Wahrnehmung einer Gestalt durch eine Art Addition der Einzelempfindungen entstünde, behauptet die ‚Gestaltpsychologie', daß sich die Wahrnehmung an Ganzheiten bzw. Teilganzen, den Gestalten, orientiert. (siehe Teil II, 2.1.3.) Soweit sich die Menge der angebotenen Reize in den Grenzen der Aufnahmefähigkeit (siehe II.2.1.4.) bewegt, wird diese Theorie im allgemeinen als die richtige angesehen, denn nur so läßt es sich erklären, daß wir einen Gegenstand in seiner totalen Gänze (von oben und unten, links und rechts und vorne und hinten) also aus allen möglichen Blickwinkeln als denselben zu erkennen vermögen.

Die Struktur, d. h. die Menge der Relationen, die zwischen den einzelnen Teilen eines Ganzen bestehen, ist also das entscheidende Merkmal der Gestalt. Von manchen Wahrnehmungs- und Erkenntnistheoretikern wird der Begriff der Struktur sogar synonym zu denen der Gestalt bzw. der Ganzheit gebraucht.

Umfeld Ein zweiter wichtiger Gesichtspunkt für ‚Gestalt' ist, daß sie nicht ohne Umfeld existiert, sie grenzt sich immer gegen etwas ab. Eine einfarbige Fläche ohne sichtbaren Anfang und Ende ist also keine Gestalt.

Doch zurück zu unserer Hypothese: Gestalten = das Machen von Gestalten. Hierzu können wir jetzt folgendes sagen: Gestalten ist das Ordnen, Zuordnen, Organisieren und Strukturieren von formalen Elementen zu komplexen Ganzheiten, Gestalten, und das Zuordnen dieser Ganzheiten zu anderen bzw. zu ihrem Umfeld.

Die Grundlage des Gestaltens ist also das Vorhandensein formaler Elemente, die durch Kombination und Zuordnung zu ‚Gestalten' werden. Da nun in der Semiotik, aber auch in anderen Bereichen, der Begriff der Gestalt in der Bedeutung von ‚Abstraktionsklasse von konkreten Gebilden' gebraucht wird, wollen wir diese konkreten Gebilde im grafischen **Figur** Bereich ‚Figur' nennen. Die Figur ist also die Gesamtheit der konkreten, formalen Elemente und ihrer Relationen, die Gestalt ‚nur' die Gesamtheit der Relationen.

Die Figuren sind nun für den Grafik-Designer in den seltensten Fällen Selbstzweck, **Zeichen** meist haben sie die Funktion eines Zeichens, sie stehen also für etwas und sind an jemanden gerichtet. Damit sind wir wieder in dem Bereich der Semiotik, die ein Zeichen in seine syntaktische, seine semantische und seine pragmatische Dimension untergliedert. Diese Unterscheidung scheint nun auf den ersten Blick beim Umgang mit Nachrichten im täglichen Leben keine Rolle zu spielen. Entweder wir verstehen eine Nachricht, oder wir verstehen sie nicht,

56

und dementsprechend verhalten wir uns. Doch wenn wir eine uns wichtige Nachricht übermitteln wollen, kann es sein, daß wir nach den ‚richtigen' Worten suchen und uns überlegen,
wie wir diesen Satz, seine Form bilden können, daß die Aussage für den Gesprächspartner
einleuchtend und überzeugend ist.

Dieser Vorgang entspricht damit in umgekehrter Reihenfolge in etwa der Tätigkeit des
Zeichentheoretikers, der in erster Linie als Analytiker gesprochene oder geschriebene Texte
untersucht. Auch die Kategorien, in denen dies geschieht, sind im Prinzip dieselben; so entspricht der Frage nach der Form, d.h. der Reihenfolge der Wörter, die Syntaktik, der Frage
nach dem ‚richtigen' Wort die Semantik und der Frage nach der Verständlichkeit und Wirksamkeit des Satzes die Pragmatik.

Dabei ist allerdings zu beachten, daß der Satz, der untersucht bzw. formuliert werden
soll, nicht aus syntaktischen, semantischen und pragmatischen Teilen (Worten) besteht, sondern daß jedes Wort unter jedem Aspekt betrachtet werden kann. Die semiotischen Dimensionen sind also immer nur Teilaspekte der einzelnen Zeichen bzw. Zeichenreihen und lassen
sich auch in der Praxis nicht wirklich trennen (Ausnahme sind formalisierte künstliche Spra-
chen). So ist es im wahrsten Sinne des Wortes sinnlos, einen Satz ausschließlich auf seine syn- | Syntax
taktische Dimension hin zu untersuchen bzw. zu formulieren, denn nicht die stilistisch gute,
brillante Satzform ist das Entscheidende eines Satzes, sondern der Sinn, die Aussage und die
Verständlichkeit des Satzes. Aber auch die ‚Wahrheit' eines Satzes, also die Korrektheit der
semantischen Dimension, nützt nichts, wenn der Satz unverständlich ist. So nützt auch eine | Semantik
mehrfache Wiederholung einer wissenschaftlich bewiesenen These nichts, wenn sie durch ‚fal- | Pragmatik
sche' Wortwahl (z.B. Fachtermini) und stilistische Unzulänglichkeiten (z.B. zu lange Schach-
telsätze) für den Empfänger unverständlich ist. Er wird einfach den Kontakt zwischen sich
und dem ‚Sender' abbrechen, d.h. nicht mehr zuhören. Deshalb muß auch bei ‚richtigen' Aussagen zum einen auf die Verständlichkeit der Zeichen (Worte) und zum anderen aber auch auf
eine - im wörtlichen wie im übertragenen Sinne - ansprechende Form geachtet werden. Eine
solche Differenzierung in die einzelnen semiotischen Dimensionen ist damit nie Selbstzweck,
sondern sie dient dazu, entweder eine Aussage ‚richtig' zu formulieren oder nachzuprüfen,
weshalb sie so und nicht anders verstanden wurde, und weshalb sie zu der beim Empfänger
erfolgten Reaktion geführt hat.

Was nun bisher für den Bereich der verbalen Sprache gesagt wurde, gilt selbstverständlich ebenso für den Bereich der visuellen Zeichen, der ‚Bildsprache'. Auch hier können
die semiotischen Dimensionen nur theoretisch zum Zwecke der Analyse unterschieden werden, während sie in der Praxis immer eine Einheit bilden. Beispielsweise arbeiten Künstler im
Bereich der Op-Art zwar ‚nur' mit bedeutungslosen Formen und syntaktischen Regeln und
trotzdem erhalten die Bilder, Plastiken etc. sowohl vom Künstler - durch den Titel - wie auch
vom Betrachter irgendeine Bedeutung im weitesten Sinne, durch Assoziationen, abbildhafte
Ähnlichkeiten etc.

Für unsere Arbeit im Bereich der Gestaltung heißt das, daß wir zwar in den ersten
Versuchen der einen oder anderen semiotischen Dimension einen gewissen Vorrang einräu-
men können und auch werden, allerdings wird es unmöglich sein, in diesen Fällen die anderen völlig auszuschließen.

Da auch die visuelle Darstellung eine Art Sprache ist, können wir die semiotischen
Kategorien, wie sie in der verbalen Sprache bestehen, auch in der ‚Bildsprache' finden. So ent-

spricht dem Alphabet der verbalen Sprache die Menge der optischen Elemente (Punkt, Linie, etc.). Aus ihnen lassen sich entsprechend der Wörter Zeichen (Figuren) bilden, aus denen wiederum durch syntaktische Operationen komplexe Zeichen, Superzeichen und Zeichenreihen gebildet werden können. Dem Lexikon entsprechend gibt es ‚Legenden' oder Zeichenerklärungen, in denen die Bedeutung einzelner Zeichen, soweit notwendig, festgelegt werden. Doch im Gegensatz zur verbalen Sprache sind in der Bildsprache sowohl die syntaktischen Regeln wie auch Zuordnungsvorschriften (Lexika) nur in geringem Maße möglich, da sie nicht ‚eine' einheitliche Sprache ist, sondern nur die Elemente zur Bildung vieler verschiedener Sprachen zur Verfügung stellt. Es gibt in diesem Bereich also nicht die Möglichkeit, wie in einem Fremdsprachenunterricht Wörter und Grammatik zu lernen. Außerdem zeichnet sich die Bildsprache dadurch aus, daß sie weit weniger Elemente zur Verfügung hat als unser Alphabet, wie wir im folgenden Schema sehen werden, dafür aber eine wesentlich größere Variabilität besitzt bei der Zusammenstellung dieser Elemente zu neuen sinnvollen Zeichen.

Es stellt sich nun die Frage, in welcher Weise die grundlegenden Probleme des Entwerfens und Gestaltens erarbeitet werden können. Einerseits ist das Entwerfen zwar, wie wir gesehen haben, immer ein inhaltliches Problemlösen, andererseits benötigen wir dazu auch die Kenntnisse der Bildsprache, d. h. wir sollten diesen weiten Rahmen der gestalterischen Syntax kennenlernen.

Eine Möglichkeit, diese beiden Aufgaben zu bewältigen, könnte etwa darin bestehen, eine Aussage auf unterschiedliche Art und Weise zu formulieren, zu gestalten. Dann stünde der semantische Aspekt der Zeichen im Vordergrund, da die Lösungen daran zu messen wären, inwieweit sie die Aussage verständlich und richtig darstellen. Dies scheint zunächst der sinnvollere Weg zu sein, doch die Praxis hat immer wieder gezeigt, daß unter solchen Bedingungen in erster Linie die schon bekannten Mittel und Wege begangen werden, um möglichst schnell zu Ergebnissen zu kommen. Neues wird unter diesen Umständen erst dann erprobt, wenn die bisherigen Mittel nicht mehr ausreichen, und die bildnerische Syntax spielt bei solchen Aufgaben unbewußt eine drittrangige Rolle.

optische Elemente   Wir wollen deshalb einen anderen Weg wählen, indem wir versuchen werden, zwar vorrangig mit den optischen Elementen im syntaktischen Bereich zu arbeiten, aber dabei die Bedeutungen und Bedeutungsveränderungen, die durch syntaktische Operationen hervorgerufen werden, zu beobachten. Auf diese Weise erhalten wir einen gewissen Überblick über die formalen Mittel und die Möglichkeiten des Gestaltens, aber gleichzeitig erfahren wir auch einiges über die Zusammenhänge, die zwischen der syntaktischen und der semantischen, teilweise auch der pragmatischen Dimension der Bildsprache bestehen.

Ziel dieses Vorgehens ist es, die syntaktischen Mittel so weit zu begreifen, daß sie dem Gestalter bei seiner späteren Arbeit jederzeit ‚zur Hand' sind und ohne Schwierigkeiten eingesetzt werden können.

Um dieses Ziel zu erreichen, ist es notwendig, die Mittel und Wege des Gestaltens zu untersuchen und zu erproben und die daraus gewonnenen Ergebnisse und Erkenntnisse zu reflektieren. So versucht diese Arbeit im weiteren, Anregungen für ein eigenes Arbeiten zu geben, ohne dabei fertige Lösungen anzubieten.

Die nebenstehende Kombinationstabelle erhebt keinen Anspruch auf Vollständigkeit, insbesondere im Bereich der Realisierung ist sie äußerst knapp gehalten. Sie versucht auch

58

KOMBINATIONSTABELLE DER SYNTAX DER BILDSPRACHE

a Formelemente

	1.1. Punkt	1.2. Linie	1.3. Fläche	1.4. Körper/Raum	1.5. kombiniert
1. Bestandteile					

b Stoffliche Elemente

1. Helligkeit	1.1. hell	1.2. mittel	1.3. dunkel	1.4. kombiniert		
2. Farbe	2.1. Ton	2.2. Sättigung	2.3. rein	2.4. gebrochen	2.5. gemischt	2.6. kombiniert
3. Material/Struktur	3.1. glatt	3.2. glänzend	3.3. matt	3.4. stumpf	3.5. rauh	3.6. kombiniert

c Zustand

1. Formverlauf	1.1. gerade	1.2. geknickt	1.3. gekrümmt	1.4. eben	1.5. gewölbt	1.6. kombiniert
2. Größe	2.1. klein	2.2. mittel	2.3. groß	2.4. kombiniert		
3. Proportion	3.1. goldener Schnitt	3.2. arithmetische Reihe/Folge	3.3. geometrische Reihe/Folge	3.4. Modulor	3.5. sonstiges	3.6. kombiniert
4. Ordnung	4.1. regelmäßig	4.2. unregelmäßig	4.3. kombiniert			
5. Begrenzung	5.1. hart	5.2. weich/fließend	5.3. Linienkontur	5.4. kombiniert		

d Realisierung

1. Technik	1.1. Stift	1.2. Feder	1.3. Pinsel	1.4. Collage	1.5. sonstiges	1.6. kombiniert
2. Mittel	2.1. Lineal	2.2. frei Hand	2.3. sonstiges	2.4. kombiniert		

nur eine Vorstellung von der Vielfalt der Kombinationsmöglichkeiten im Bereich der bildnerischen Syntax zu geben. Wäre das Schema vollständig, so müßten sich alle Figuren, die entworfen werden können, in einer Zahlenkombination aus den Ziffern dieses Systems beschreiben lassen können. Ein entsprechendes System befindet sich in dem Buch: „Ästhetische Redundanz" von K. Alsleben (9, S. 83)

In diesem Bereich der Syntax der Bildsprache wird sich also zunächst unsere Arbeit abspielen. Allerdings kann es nicht unsere Aufgabe sein, dieses System Punkt für Punkt zu erörtern, es weiter zu differenzieren, zu spezifizieren und die möglichen Kombinationen der Elemente zu katalogisieren, denn solange unser Leistungsvermögen nicht die Kapazität eines Computers hat, läßt sich mit einem solchen Katalog wenig anfangen, da uns die Zeit für die notwendige Realisierung der verschiedenen Möglichkeiten, für ihre Bewertung und den Auswahlprozeß fehlen würde. Solche Schemata erhalten ihre Bedeutung (für den Gestalter) erst bei einer begrenzten Aufgabenstellung und einer begrenzten Zahl an Mitteln, wie das z. B. in dem ‚morphologischen Kasten des Typogramms' von K. Gerstner (66, S. 9) geschieht.

Problem lösen

In der oben beschriebenen Vielfalt der Bildsprache ist auch der Grund zu finden, weshalb es im visuellen Bereich für ‚ein' Problem nicht nur eine Lösung gibt, sondern eine ganze Reihe von Lösungen, von denen aber meist nur eine oder wenige, die unter den jeweiligen Bedingungen beste ist bzw. sind. D. h. aber für unser Studium, daß wir nicht die Lösungen für

Methoden

bestimmte Probleme lernen können, sondern versuchen müssen, uns die Methoden, mit denen man zu Lösungen in solchen Problemen kommen kann, anzueignen.

Bei den folgenden Punkten geht es zum Teil darum, wichtige gestalterische Begriffe zu definieren, ihre Position zu bestimmen, und zum anderen sind es Versuche, Phänomene der visuellen Wahrnehmung und damit auch der Gestaltung, ihre Ursachen und Auswirkungen zu erklären. In der Diskussion über sie und die Ergebnisse der Übungen werden wir dann auch die Frage der Anmutungen, Assoziationen und Bedeutungen der Figuren, Signale und Zeichen und nach den Bedeutungsänderungen, die durch syntaktische Veränderungen der Zeichen auftreten, stellen. Doch diese Fragen sollen nicht die Prämissen, sondern der wichtige Nachsatz sein.

Proportion

An dieser Stelle will ich noch auf ein Grundproblem des Gestaltens hinweisen, das Problem der Proportion. Sie spielt bei jeder Aufgabe, selbst der einfachsten Kombination von Elementen, eine Rolle.

Seit Jahrhunderten wird schon versucht, dieses Problem systematisch (mathematisch) zu erfassen und grundlegende Regeln zu finden. Aber es lassen sich zwar alle Proportionen in genauen, mathematischen, physikalischen oder sonstigen Einheiten bestimmen, doch ließ sich daraus bisher nicht die ‚ideale, absolute Proportion' ableiten, und das wird aller Wahrscheinlichkeit nach auch in Zukunft nicht geschehen.

Der Höhepunkt dieser Versuche, Proportionen auf starre Verhältnisse festzulegen, war die Zeit der Gipsklassen in den Akademien ‚des Beaux Arts' Ende des 19. Jahrhunderts, in denen bestimmt wurde, wie ein Baum, ein Körper, ein Gesicht usw. sowohl in seinen Proportionen als auch in seiner Linienführung zu zeichnen sei. Aus dieser Zeit sind uns Anekdoten überliefert, wie heute anerkannte Künstler, die wesentliche Beiträge zur Kunstgeschichte erarbeitet haben, z. B. Cezanne, von Akademieprofessoren der künstlerischen Unfähigkeit bezichtigt wurden, da sie nicht innerhalb dieser Vorschriften arbeiteten.

Die Beispiele aus der Kunstgeschichte zeigen uns jedoch, daß gute Gestaltung nicht von solchen konstruierten Vorschriften abhängig ist, selbst wenn unter solchen Gesetzen auch ‚gute‘ Bilder etc. entstanden sind. Die folgenden Beispiele wollen etwas von der Freiheit zeigen, die in dieser Beziehung in dem Bereich der Gestaltung besteht.

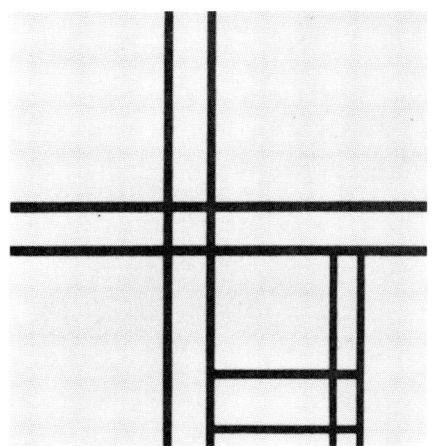

P.MONDRIAN Komposition mit schwarzen Linien um 1933 (191.S.150)

Malerei aus einem Kulthaus von Kambrambo am unteren Sepik. Neuguinea (38,S.49)

P.PICASSO Francoise in der Sonne. 1950 (4,S.202)

HOKUSAI Große Woge (190,S.264)

Was bei der Betrachtung dieser Bilder bzw. Grafiken als gemeinsames Merkmal auffällt, ist, daß sie sich alle durch eine Art ‚Harmonie‘ der Formen und Größen, in denen die einzelnen Bildelemente einander zugeordnet sind, auszeichnen. Unter dem Begriff ‚Harmonie‘   Harmonie wollen wir dabei nicht, wie allgemein üblich, ‚Schöngefärbtes‘ etc. verstehen, sondern ‚gut bzw. wohl Geordnetes‘.

Spannung   Die ‚gute‘ Proportion erzeugt eine ‚Spannung‘ – auch in der Entspannung –, die die gestaltete Fläche (den Raum) in dieser, und nur in dieser, Form konstituiert und zur gleichen Zeit aufteilt, die die einzelnen Teile zur Geltung bringt und sie doch eng zueinander in Beziehung setzt, sie vereint. Sie bestimmt auch die Bedeutung und die Rangfolge der verschiedenen Teile, ohne dabei im eigentlichen Sinn aufzufallen.

Sensibilität   Eine Voraussetzung für solch ‚harmonisches‘ Gestalten (auch die Disharmonie ist eine Form der Harmonie), für das Finden von entsprechenden Proportionen ist die ‚Sensibilität‘ des Gestalters. Ohne sie ist gutes Gestalten nicht bzw. nur in Zufällen möglich. Beide, Sensibilität und Gestaltung, sind untrennbar miteinander verbunden. Bei solchen Betrachtungen fällt auf, daß besonders die ‚Naiven‘, also gestalterisch nicht Vorge-(Ver)-bildete, über diese Empfindsamkeit in hohem Maße verfügen, während sie in unserer zivilisierten und normierten Welt immer stärker von der Norm, dem unendlich oft reproduzierbaren und reproduzierten Klischee, zurückgedrängt wird.

– Wir w i s s e n ja, wie ein Haus aussieht bzw. wie es in einer Zeichnung auszusehen hat, welche reale Größe es hat und wie es deshalb zu zeichnen ist. Trotzdem ‚stimmt‘ das Gesicht, das der Naive oder auch ein Kind zeichnet, während der intellektuelle Ge-(Ver-)bildete erst wieder lernen muß, ein solches zu zeichnen. –

Wir müssen zumeist erst wieder unsere Sensibilität entdecken und lernen, sie wieder zu gebrauchen. Auch dies wird eine Aufgabe sein, die es in diesem Studium zu lösen gilt.

„Der Ursprung: das sind die Phänomene der Wahrnehmung, das sind die elementaren Mittel. Der Ursprung: das sind auch die inneren Anlässe, aufsteigend von der tiefsten Sohle der Motivation. Der Ursprung ruht im Schoße der Sensibilität.“ (F. Seitz in: 183, S. 3)

1. Die Form

Die Gesamtheit der optischen Elemente läßt sich zunächst in zwei Hauptgruppen unterteilen, nämlich in:

1. die Formelemente, die die Grundlage jeder Figur sind. Die übliche Unterteilung für sie ist die in:
   a) Punkt
   b) Linie
   c) Fläche
   d) Körper

2. die stofflichen Elemente, das sind Elemente, die immer Bestandteil der Formen und Figuren sind:
   a) Helligkeit
   b) Farbe
   c) Material bzw. Materialstruktur

Da die Elemente immer in formaler Begrenzung auftreten, wollen wir uns zunächst mit den Trägern der stofflichen Elemente, also den Formelementen, beschäftigen, wobei wir die stofflichen Elemente in möglichst neutraler Form und in begrenztem Umfang einsetzen wollen. D. h. wir werden in den folgenden Arbeiten zunächst das ‚neutrale' unbunte Farbpaar: Schwarz und Weiß verwenden, das auch durch seinen großen Helligkeitskontrast klar gekennzeichnet ist.

1.1. Punkt, Linie, Fläche

Den Formelementen liegen ursprünglich die mathematisch-geometrischen Definitionen zugrunde. Danach ist der Punkt ein ‚nulldimensionales Gebilde‘, d.h. seine Größe ist: Länge $= 0$; Breite $= 0$; Höhe $= 0$.

Die Linie ist ein ‚eindimensionales Gebilde‘ mit der Größe: Länge > 0; Breite $= 0$; Höhe $= 0$.

Die Fläche ist ein ‚zweidimensionales Gebilde‘ mit der Größe: Länge > 0; Breite > 0; Höhe $= 0$.

Der Körper ist ein ‚dreidimensionales Gebilde‘ mit der Größe: Länge > 0; Breite > 0; Höhe > 0.

Nach dieser Definition sind also sowohl der Punkt als auch die Linie nicht zu zeichnen bzw. das, was wir als Punkt oder Linie bezeichnen, ist nach dieser Definition eine Fläche.

Diese Linie, 11,7 cm lang und 0,5 mm breit, ist also eine Fläche von 58,5 mm^2 und jeder Punkt dieser Schrift hat eine Fläche von ca. 0,2 mm^2. Punkt und Linie als gezeichnete Elemente sind also streng genommen punkt- oder linienhafte Flächen.

Ein Punkt ist also eine mehr oder weniger kreisförmige Fläche; ob sie aber als kreisförmige Fläche oder als Punkt bezeichnet wird, hängt zum einen von ihrer relativen Größe, d.h. wie groß sie gemessen an ihrer Umgebung ist, und andererseits von ihrer Funktion ab. So können z.B. die Punkte des Zeichen ‚F.D.P.‘ auf Plakaten extreme Größe erlangen, sie werden aufgrund ihrer ersichtlichen Funktion und ihrer Größe, gemessen an der Größe der Buchstaben, immer als Punkte identifiziert werden.

Entsprechendes gilt auch für die Linie in der Frage, ob sie Linie oder Streifen (Band) ist. Eine exakte Grenze (in cm) läßt sich zwischen Punkt und Kreisfläche und zwischen Linie und Streifen nicht angeben. Das kleinste optische Element ist also eine Fläche, die je nach ihrer Größe und Form von uns als Punkt, Linie oder Fläche bezeichnet wird.

Schlußfolgerungen:

1. Vorbedingung für jedes Gestalten ist das Vorhandensein mindestens einer Fläche.
2. Jede dieser Flächen ist irgendwie begrenzt. So z.B. diese Seite, die die Grundfläche für diesen Text ist, durch ihre Schnittkanten.

> Ein anderes Beispiel: Durch vier Linien habe ich auf diesem Blatt Papier eine neue Fläche konstituiert. Sie ist die Fläche, auf der diese Sätze stehen. Die große Fläche des Blattes ist nur noch Träger für sie.

3. Jede Fläche hat eine bestimmte Größe und ein bestimmtes Format, d.h. ein bestimmtes Seitenverhältnis.

1.2. Das Format

Die Wahl des Formats steht meist am Beginn der gestalterischen Arbeit. Dabei sind zwei Faktoren zu berücksichtigen:

1. Format als Unterstützung für die Darstellung. D. h. welche ‚Bedeutung bzw. Anmutung‘ hat ein Format, z. B. ein Hoch- oder Querformat, ein schmales oder breites? Welches Format entspricht am ehesten dem Inhalt der Aufgabe?
2. Welche Beschränkungen bestehen für die Wahl des Formats? Für Beiträge in Zeitungen oder ähnlichen Periodika, die über ein festes Layout verfügen, müssen Anzeigen oder Bildmaterial den vom Layout festgelegten Breiten (ein, zwei oder mehr Spalten, nie jedoch halbe) und möglicherweise auch Höhen entsprechen.
Eine zweite Beschränkung kann aufgrund von Kostenberechnungen entstehen, denn die Druckerei bezieht ihr Papier in genormten Größen (Blatt, Bogen oder Rollen). Um die Kosten niedrig zu halten, ist es notwendig, daß die Bogen ohne großen Verlust (ungenutzte Flächen) bedruckt werden. Auch das kann die Formatwahl beeinflussen.

Dieser zweite Punkt braucht uns zwar im Augenblick noch nicht zu beschäftigen, aber er sollte doch schon einmal zur Kenntnis genommen und im Auge behalten werden.

Dagegen wollen wir uns mit dem ersten Punkt etwas ausführlicher beschäftigen. Doch soll hierzu nicht eine kurze Ausführung meinerseits diese Fragen beantworten, sondern dies soll zunächst von jedem für sich und dann gemeinsam (im Semesterverband) versucht werden.

Praktische Übung zum Thema: Bedeutung des Formats

Aufgabe   Erstellen eines Polaritätsprofils zu drei verschiedenen Formaten

Anhand eines Polaritätsprofils wollen wir die Bedeutung, die Anmutung verschiedener Formate feststellen. Die von Osgood entwickelte Technik zur quantitativen Analyse der Bedeutung von Begriffen oder auch Anschauungsgegenständen verlangt von den Versuchspersonen eine Einstufung dieser Begriffe oder Gegenstände auf einer Skala zwischen einer Reihe von Polaritäten. Die so entstandenen Profile können quantitativ analysiert werden und gestatten so Angaben über die (subjektive) Anmutung einzelner Begriffe und über die Ähnlichkeit zwischen Gegenständen.

Diese Technik ist für unsere Arbeit auch später von Nutzen, wenn wir überprüfen wollen, inwieweit unsere Arbeitsergebnisse dem gewünschten Ziel entsprechen.

In der vorliegenden Übung wollen wir auf diese Art und Weise drei verschiedene Formate miteinander vergleichen. Dazu sollte jeder Teilnehmer zu jedem Format ein Profil in dem angegebenen Schema erstellen. In dem vierten Schema wollen wir dann die drei ‚durchschnittlichen‘ Profile (arithmetische Mittelwerte), durch verschiedene Farben gekennzeichnet, eintragen und miteinander vergleichen.

Polaritätsprofil

	3	2	1	0	1	2	3	
hoch								tief
schwach								stark
rauh								glatt
aktiv								passiv
leer								voll
klein								groß
kalt								warm
scharf								unscharf
jung								alt
krank								gesund
eckig								rund
gespannt								gelöst
traurig								froh
leise								laut
feucht								trocken
schön								häßlich
frisch								abgestanden
feige								mutig
nahe								fern
labil								stabil
progressiv								konservativ
seicht								tief
gut								schlecht

Polaritätsprofil

	3	2	1	0	1	2	3	
hoch								tief
schwach								stark
rauh								glatt
aktiv								passiv
leer								voll
klein								groß
kalt								warm
scharf								unscharf
jung								alt
krank								gesund
eckig								rund
gespannt								gelöst
traurig								froh
leise								laut
feucht								trocken
schön								häßlich
frisch								abgestanden
feige								mutig
nahe								fern
labil								stabil
progressiv								konservativ
seicht								tief
gut								schlecht

Polaritätsprofil

	3	2	1	0	1	2	3	
hoch								tief
schwach								stark
rauh								glatt
aktiv								passiv
leer								voll
klein								groß
kalt								warm
scharf								unscharf
jung								alt
krank								gesund
eckig								rund
gespannt								gelöst
traurig								froh
leise								laut
feucht								trocken
schön								häßlich
frisch								abgestanden
feige								mutig
nahe								fern
labil								stabil
progressiv								konservativ
seicht								tief
gut								schlecht

Zusammenfassung

	3	2	1	0	1	2	3	
hoch								tief
schwach								stark
rauh								glatt
aktiv								passiv
leer								voll
klein								groß
kalt								warm
scharf								unscharf
jung								alt
krank								gesund
eckig								rund
gespannt								gelöst
traurig								froh
leise								laut
feucht								trocken
schön								häßlich
frisch								abgestanden
feige								mutig
nahe								fern
labil								stabil
progressiv								konservativ
seicht								tief
gut								schlecht

70

1.3. Die Proportion

Elementares Moment jedes Gestaltens ist das Bestimmen von Proportionen, von Verhältnissen, die zwischen Größen, Helligkeiten und Farben bestehen. Will man ein Element auf
einer Grundfläche anordnen, stellt sich die Frage nach der Größe des Elements im Verhältnis
zur Grundfläche und nach seiner Lage auf ihr. In einer komplexen Figur geht es dann zusätzlich noch um das Verhältnis der einzelnen Teile zueinander und bei der Zeichenreihe noch um
das Verhältnis zwischen einzelnen Zeichen.

Welche Aufgabe hat nun die Proportion?
Sie soll ,Beziehungen' und ,Zusammenhänge' - im wörtlichen wie im übertragenen Sinn -
aufzeigen und verdeutlichen. Hierfür ist wichtig, daß zwischen den verschiedenen Teilen eine
,Spannung' besteht. Auf jeder Fläche entsteht eine Dynamik, eine Spannung, wenn sie mit
einer Form konfrontiert, in Beziehung gesetzt wird. Diese Spannung können wir mit magneti-
schen Kraftfeldern vergleichen, die auch abhängig sind von der Größe der Magnete und der
Entfernung, in der sie zueinander stehen. Sie unterscheiden sich allerdings darin, daß eine
sehr kleine Entfernung zwischen den Magneten die Spannung beibehält, während sie im
gestalterischen Bereich durch zu geringe Entfernung zerstört werden kann.

Beziehung
Zusammenhang
Dynamik

Praktische Übung zum Thema: Proportion und Spannung

Aufgabe   **Flächenaufteilung**

Eine gegebene Fläche soll mittels zweier Linien, die senkrecht aufeinanderstehen, in vier Teilflächen untergliedert werden.

Ziel der Aufgabe ist es, spannungsreiche, stabile Proportionen, Flächenaufteilungen zu finden und Wesensmerkmale von Flächen kennenzulernen.

Bestimmungsstücke: weiße, quadratische Grundfläche (10:10 cm), schwarze, ca. 0,5 mm starke Linien, horizontal bzw. vertikal.

Zur Arbeitserleichterung verwenden wir ein gezeichnetes Linienkreuz aus zwei je 20 cm langen Linien und ein schwarzes Passepartout mit den Innenmaßen 10:10 cm. So können wir durch Verschieben des Passepartouts jede denkbare Flächenaufteilung (im Rahmen der Aufgabe) herstellen.

Mindestens sechs Lösungen sollen dann auf ein DIN A 3-Blatt übertragen werden. Wichtigster Teil der Aufgabe ist es, nachdem wir meinen, eine Lösung gefunden zu haben, diese durch nochmaliges Schieben des Passepartouts um Millimeter, eventuell sogar nur um Bruchteile davon, zu überprüfen, um letzte Sicherheit über sie zu gewinnen.

Zusatzaufgaben: Jeder suche aus seinen sechs Lösungen die ‚beste‘ aus und kennzeichne sie (ein Punkt unten rechts). Dann drehe er das Blatt um jeweils 90°, wobei er jedesmal wieder die ‚beste‘ kennzeichnet.

Vergleiche nun die verschiedenen ‚Besten‘ und versuche die Auswahl zu begründen. Welche Rolle spielen dabei die Begriffe ‚oben‘, ‚unten‘, ‚links‘ und ‚rechts‘? Welche Anmutungen, welche Assoziationen erwecken die Lösungen?

Layout   Eine entsprechende Aufgabe wie die hier gestellte besteht für den Grafik-Designer bei der Anfertigung eines Layouts. Das Layout ist das Gerüst, der Rahmen, in dem Text und Bildmaterial in Zeitungen, Illustrierten, Plakatreihen u. a. angeordnet werden. Es gibt die Ausmaße des Satzspiegels, der einzelnen Spalten, Kolumnen, der möglichen Bildformate usw. an. Dadurch gibt das Layout dem Werk oder der Serie ein einheitliches ‚Gesicht‘.

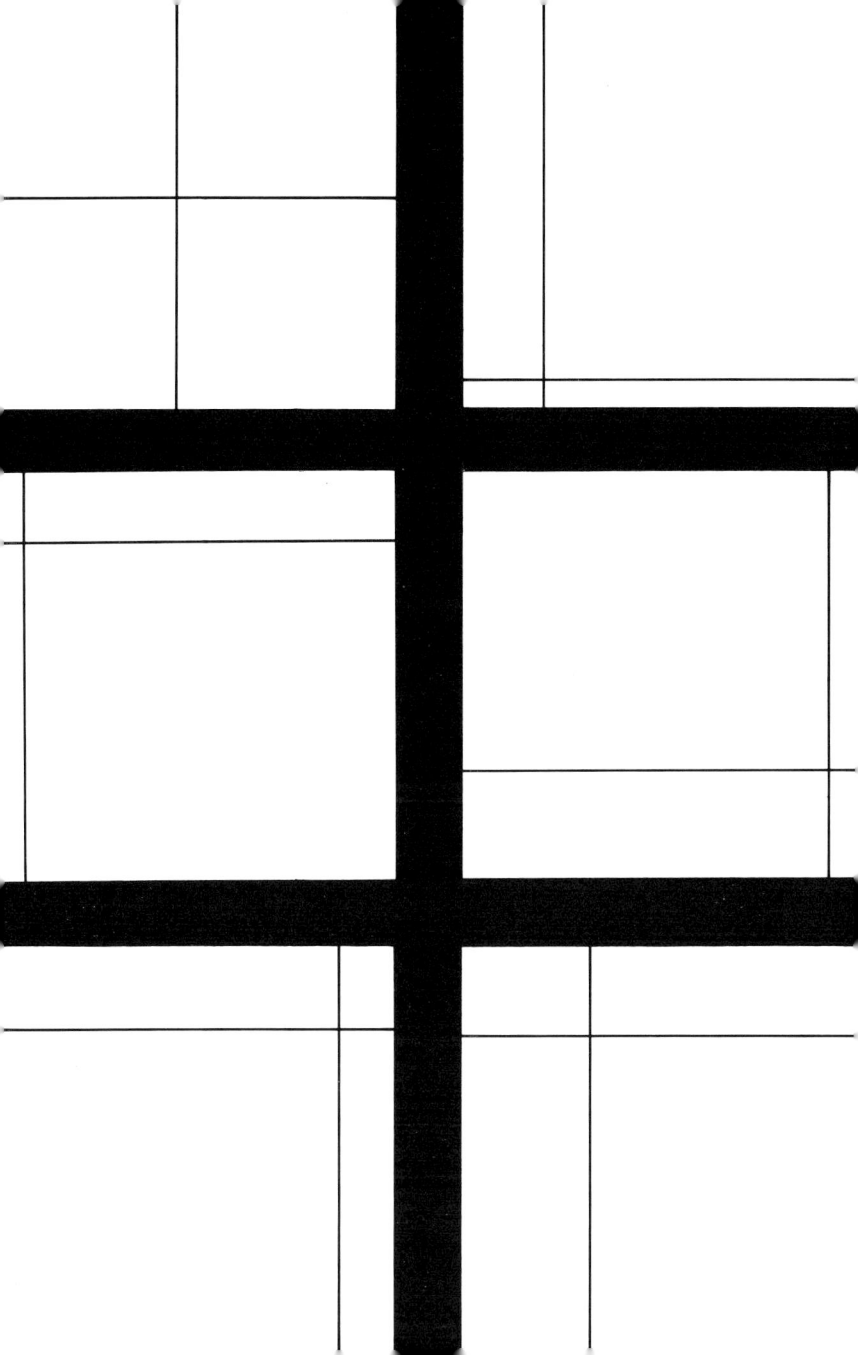

Praktische Übung zum Thema: Proportion und Spannung

Aufgabe   Anordnung einer Elementarform auf einer Grundfläche

Auf einer Grundfläche (10:10 cm) soll eine Elementarform (Punkt, Linie, Dreieck, Quadrat oder Kreisfläche) angeordnet werden. Es sind also die Größe und die Lage der Form auf der Grundfläche zu bestimmen. Hierbei geht es darum, ein ideales Verhältnis zwischen Form und Fläche zu finden, so daß die Form weder ‚aus dem Rahmen' fällt, weil die Spannung zwischen beiden zu gering ist, noch die Fläche ‚sprengt'.

Sechs Entwürfe sollen, wie in der vorigen Übung, auf einem Blatt DIN A 3 Unterlage für eine gemeinsame, kritische Betrachtung und Diskussion im Semesterverband sein.

Welche Assoziationen, welche Bedeutungen entstehen bei den einzelnen Entwürfen, und was könnten die Gründe dafür sein?

Zusatzaufgaben: Jeder suche aus seinen sechs Lösungen die ‚beste' aus und kennzeichne sie (ein Punkt unten rechts). Dann drehe er das Blatt um jeweils 90°, wobei er jedesmal wieder die ‚beste' kennzeichnet.

Vergleiche nun die verschiedenen ‚Besten' und versuche die Auswahl zu begründen. Welche Rolle spielen dabei die Begriffe ‚oben', ‚unten', ‚links' und ‚rechts'? Welche Anmutungen, welche Assoziationen erwecken die Lösungen?

Wenn in diesen und den folgenden Übungen immer wieder die Frage nach der Anmutung, nach Assoziationen und Bewertungen der Ergebnisse auftaucht, so deshalb, weil man zwar Formen ordnen kann, ohne diesen eine bestimmte Bedeutung beizumessen, diese aber trotzdem vom Betrachter interpretiert, mit Bedeutung versehen und gewertet werden.

Befragung   Um etwas über die Bedeutung und Bewertung einzelner Darstellungen zu erfahren, genügt es nicht, wenn der Gestalter selbst diese Fragen zu beantworten versucht, was im Blick auf die Kapitel II.2.1.4.–2.1.7. verständlich wird. Es ist notwendig, nicht die ‚Macher', die Fachleute zu befragen, sondern diejenigen, an die solche Gestaltungen gerichtet sind, die sie empfangen und ‚lesen' sollen.

repräsentativer Querschnitt   Im Idealfall einer Umfrage sollte ein ‚repräsentativer Querschnitt' der Zielgruppe befragt werden. Im Rahmen dieses Studiums wäre jedoch der Aufwand einer solchen systematischen Befragung, auch gemessen an den zu erwartenden Ergebnissen, zu groß. Deshalb soll es uns genügen, Verwandte, Bekannte und sonstige ansprechbare Personen zu befragen.

Zwei Möglichkeiten des Interviews:

geschlossene Fragen   Zum ersten haben wir die Möglichkeit, Fragen zu stellen, deren Antworten der Fragende bestimmt, d.h. wo der Befragte zwischen verschiedenen Antworten wählen kann bzw. muß, sogenannte ‚geschlossene Fragen'. Dieses Prinzip liegt unter anderem auch dem oben erwähnten Polaritätsprofil, auch ‚semantisches Differential' genannt, zugrunde.

offene Fragen   Zum zweiten haben wir die Möglichkeit, sogenannte ‚offene Fragen' zu stellen, deren Antwort der Befragte nach Belieben formulieren kann; hierbei kann auch nach Assoziationen gefragt werden.

(Genaueres zu den verschiedenen Befragungstechniken in 99, 108; 109; 128; 142)

74

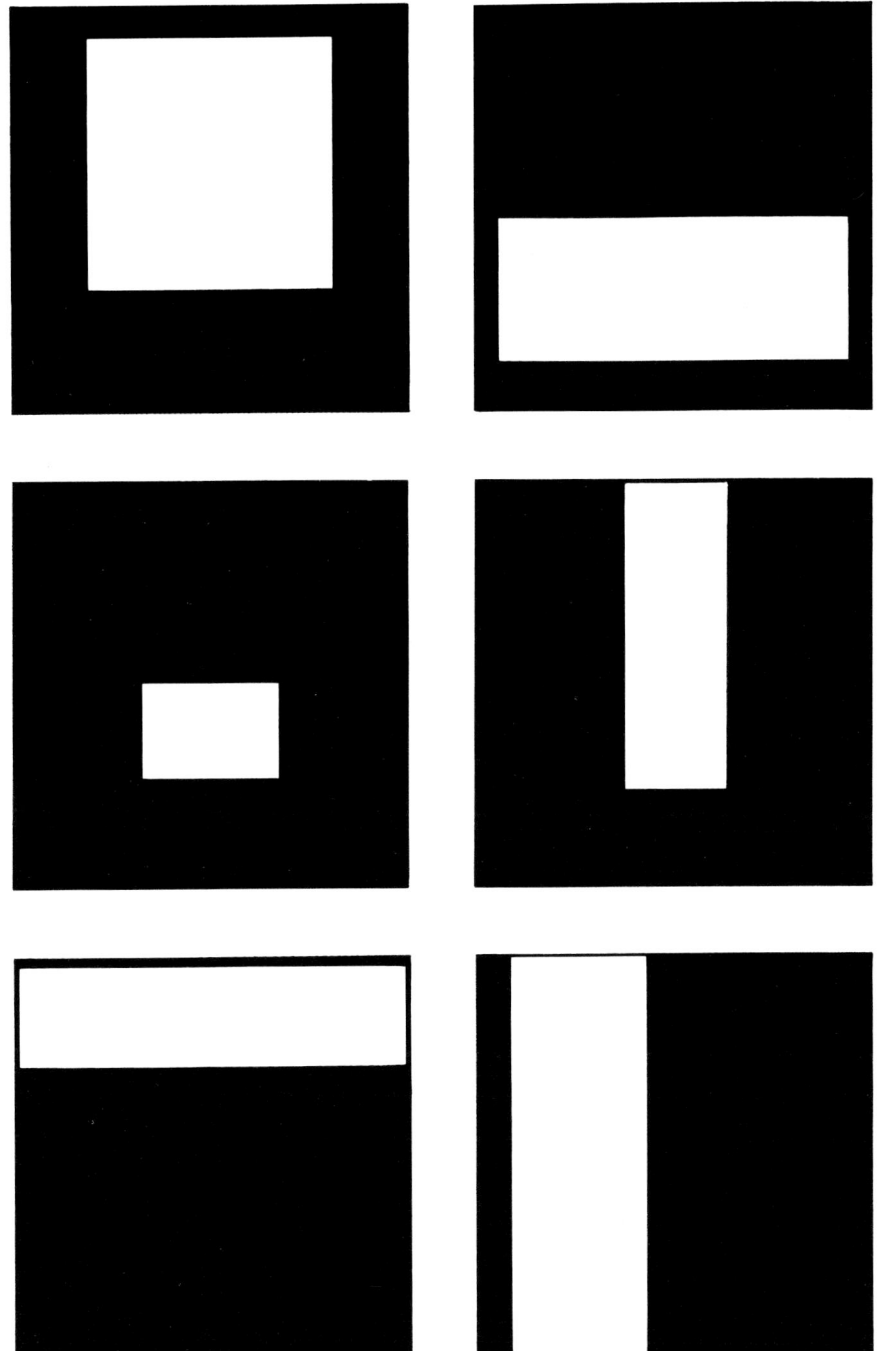

Praktische Übung zum Thema: Proportion

Aufgabe   **Komposition mit Quadraten**

Wieder gehen wir von der quadratischen Fläche aus. Diese weiße Fläche wollen wir mit Hilfe von schwarzen Quadraten beliebiger Größe gestalten. Diesmal wollen wir die Aufgabe unter einer semantischen Zielsetzung bearbeiten. Unter den folgenden Begriffen soll einer als der zu visualisierende Begriff ausgewählt werden:

Einschließen; Ausschließen; Zusammenstehen; Auftürmen; Durchdringen.

Die einzelnen Entwürfe sollten auf einer Grundfläche (15:15 cm) gemacht werden, ein ausgewählter Entwurf auf das Format 30:30 cm vergrößert werden.

intuitiv
konstruktiv

In dieser Aufgabe geht es jetzt erstmals um Proportionen zwischen einzelnen Formen, deren Anzahl nicht begrenzt ist. Die Größen und die Anzahl der Elemente können nun entweder nach Gutdünken, rein intuitiv, festgelegt oder mit Hilfe mathematischer Regeln bestimmt werden. Beide Wege können zu einem befriedigenden Ziel führen, und zunächst wird jeder bestrebt sein, den Weg zu wählen, der seiner Neigung am ehesten entspricht, entweder den spontanen, emotionalen Weg oder den mehr mathematisch konstruktivistischen Weg. Da wir aber versuchen wollen, ein möglichst breites Wissen und viele Erfahrungen über die verschiedenen Möglichkeiten der Gestaltung zu sammeln, ist es empfehlenswert, für die vorliegende Aufgabe beide Wege zu erproben. Dabei empfiehlt es sich, eine besondere Betonung auf die Methode zu legen, zu der die Sympathien nicht so groß sind.

Das ist deshalb empfehlenswert, als es durchaus vorkommen kann, daß der eine oder andere Weg, insbesondere der emotional-intuitive, bei späteren Aufgaben nicht zu dem gewünschten Ergebnis führt; dann kann man es bei ausreichender Kenntnis mit der anderen Methode versuchen.

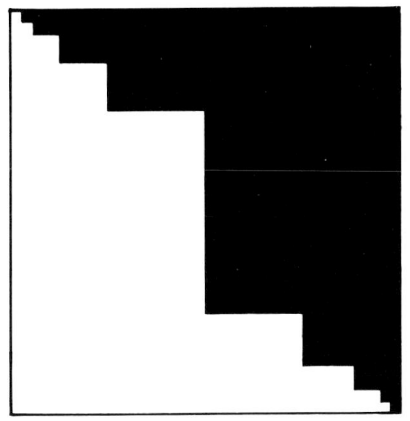 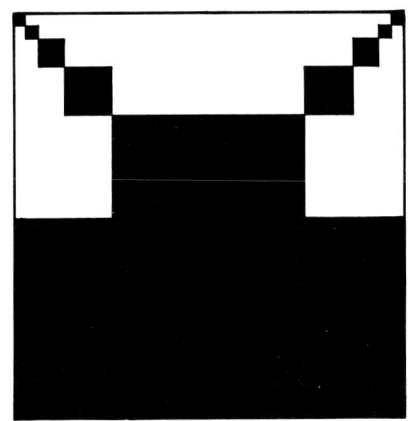

1.3.1. Mathematische Proportionsregeln

Zur Lösung dieser Aufgabe bieten sich die mathematisch-geometrischen Proportionsregeln an. Deshalb sei hier ein kleiner Ausflug in die Mathematik gestattet. Drei Möglichkeiten wollen wir erörtern:

1. Die arithmetische Folge/Reihe

Die arithmetische Folge ist eine Zahlenfolge, die arithmetische Reihe die Addition ihrer Glieder, bei der die Differenz zwischen den aufeinanderfolgenden Gliedern konstant ist. Die allgemeine Form der arithmetischen Reihe lautet: $a_1 + a_2 + a_3 \ldots + a_n$ entspricht: $a + (a+d) + (a+2d) + (a+3d) \ldots + (a+nd)$. Die Zahlenfolge für unser nebenstehendes Beispiel (oben) lautet dann so: $1,08$; $2,16$; $3,24$; $4,32$; $5,40$ (cm); $a = 1,08$ (cm); $d = 1,08$

2. Die geometrische Folge/Reihe

Sie ist eine Zahlenfolge bzw. als Reihe ihre Addition, bei der man bei der Division jedes Gliedes durch sein vorhergehendes immer denselben Quotienten erhält. Die allgemeine Reihe: $a_1 + a_2 + a_3 \ldots + a_n$ entspricht also: $a + aq + aq^2 + aq^3 \ldots + aq^n$. Für unser Beispiel lauten die Zahlen: $2,3$; $5,06$; $11,13$; $24,49$; $53,88$ (mm); $a = 2,3$ (mm); $q = 2,2$.
Die Summenformel für die endliche geometrische Reihe ist: $s_n = a \cdot \frac{q^n - 1}{q - 1}$.

3. Der goldene Schnitt; stetige Teilung

Er ist ein rein geometrisches Teilungsverhältnis, das nur näherungsweise in arithmetischen Zahlen angegeben werden kann, ca. $5:8$; $8:13$; $\ldots$ $21:34$ $\ldots$ Eine Strecke ist stetig geteilt, wenn das Verhältnis der ganzen Strecke zum größeren Teil gleich dem Verhältnis der größeren zur kleineren Teilstrecke ist. Zeichnerisch wird der goldene Schnitt folgendermaßen konstruiert:

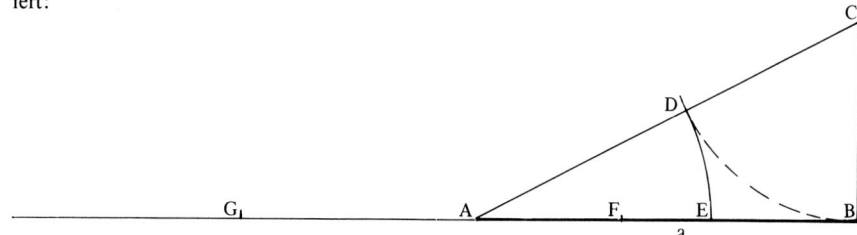

Errichte auf der zu teilenden Strecke $\overline{AB}$ in B das Lot, $\overline{BC}$ gleich $\frac{a}{2}$. und verbinde die Punkte A und C. Zeichne um C einen Kreis mit dem Radius $\overline{BC}$, der die Strecke $\overline{AC}$ in D schneidet. Der Kreis um A mit dem Radius $\overline{AD}$ schneidet $\overline{AB}$ in dem gesuchten Teilungspunkt E.

Verkürzt man nun die Strecke $\overline{AE}$ um $\overline{EB}$, so ist die Strecke $\overline{AE}$ wieder stetig geteilt. Verlängert man die Strecke $\overline{AB}$ um den größeren Abschnitt $\overline{AE}$, so ist die neue Strecke $\overline{GB}$ in A stetig geteilt. D.h. aus einer stetig geteilten Strecke lassen sich eine unbegrenzte Anzahl weiterer stetig geteilter Strecken ableiten.

78

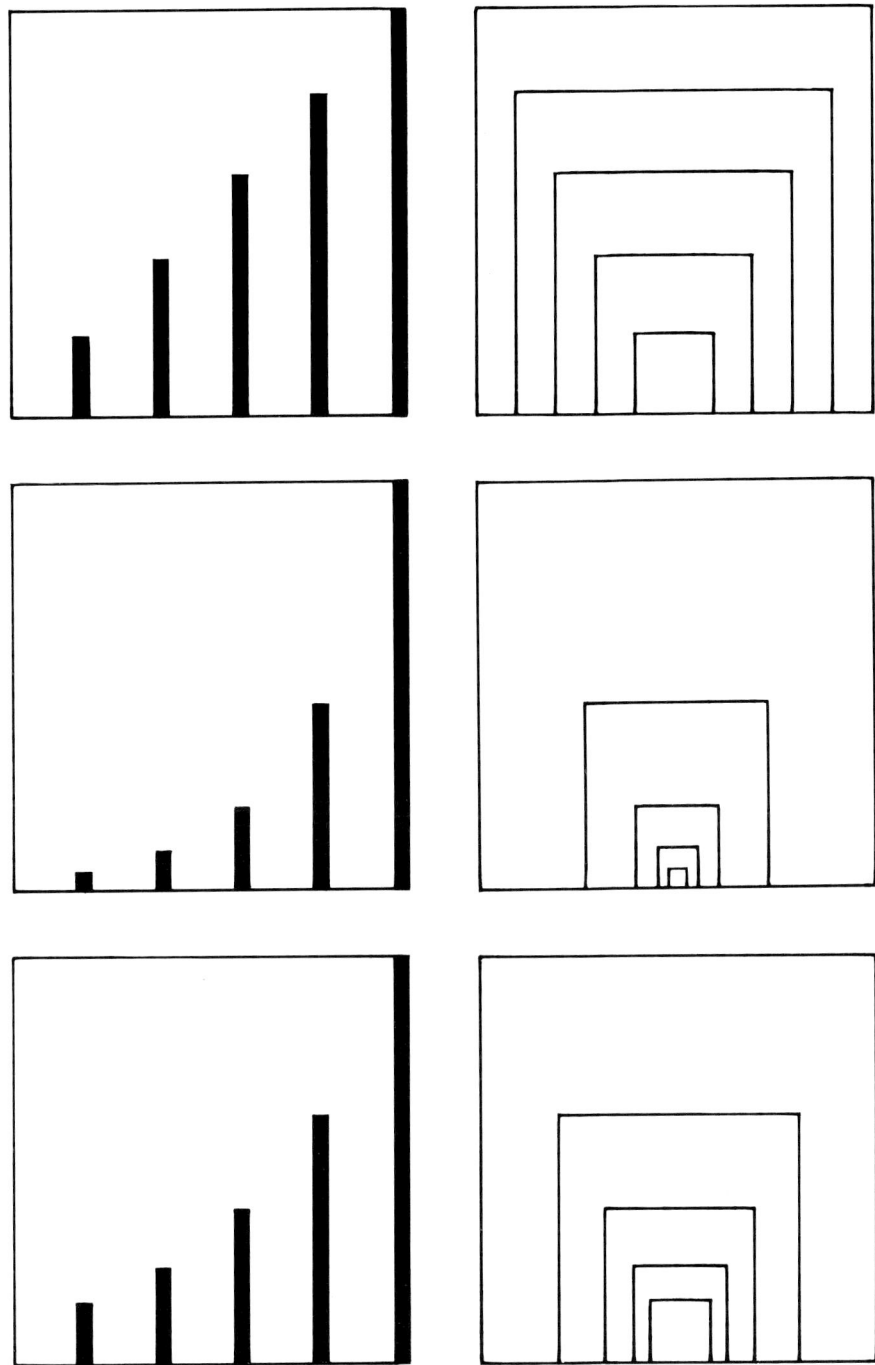

1.3.2. Konstruktionshilfe: 1. Strahlensatz

Als Konstruktionshilfe für die zeichnerische Größenbestimmung von Teilstrecken und Teilungen, also auch für die oben beschriebenen, bietet sich der 1. Strahlensatz an.

Er lautet: Werden zwei von einem Punkt ausgehende Strahlen von zwei Parallelen geschnitten, so verhalten sich die Abschnitte auf dem einen Strahl wie die entsprechenden auf dem anderen.

D. h. für unsere Zeichnung: $\overline{OA} : \overline{OA'} = \overline{OP} : \overline{OP'}$ und $\overline{OA} : \overline{AA'} = \overline{OP} : \overline{PP'}$

Ist also das Teilungsverhältnis und ein Teilungspunkt P (meist der erste oder letzte Teilungspunkt) der zu teilenden Strecke bekannt, können die weiteren Teilungspunkte mit Hilfe des Strahlensatzes zeichnerisch gefunden werden, indem man von einem Endpunkt der zu teilenden Strecke eine Normstrecke mit der entsprechenden Teilung zeichnet. Dann verbindet man den Teilungspunkt P mit dem entsprechenden Punkt der Normstrecke. Die Parallelen, die zu dieser Linie PP' durch die anderen Teilungspunkte der Normstrecke gezogen werden, schneiden die zu teilende Strecke in den gesuchten Teilungspunkten.

Diese Form der Konstruktion ermöglicht eine genaue Bestimmung der Proportionen, ohne daß komplizierte Rechnungen angestellt werden müssen.

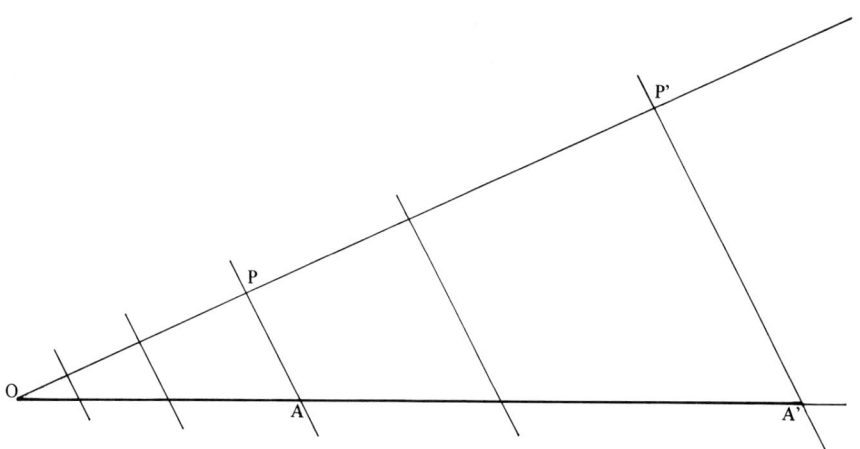

2. Die Figur

Wie schon im Abschnitt über das ‚Gestalten‘ erwähnt, wollen wir optische Gebilde, die als Einheiten, Ganzheiten aufgefaßt werden, als Figuren bezeichnen.

Es stellt sich nun die Frage, auf welche Art und Weise Einzelelemente zu Figuren zusammengefaßt werden, welche Strukturen eine solche Auffassung, Wahrnehmung ermöglichen. Eine Orientierungshilfe dafür sind die sogenannten Gestaltgesetze.

2.1. Die Gestaltgesetze

Die Gestaltpsychologie, deren Gestaltgesetze wir im folgenden erläutern wollen, ist in der Zeit um die Jahrhundertwende entstanden. Sie ist ursprünglich eine psychologische Schule, die sich mit ihrer Theorie, basierend auf dem alten Satz: das Ganze ist mehr als die Summe seiner Teile, gegen die physiologische Psychologie W. Wundt's und die ‚Elementenpsychologie‘ der Assoziationstheoretiker wandte.

Gestaltpsychologie

Ein Großteil ihrer Forschung befaßt sich mit den Gesetzmäßigkeiten der visuellen Wahrnehmung. Aus diesem Bereich stammen deshalb auch die meisten der von ihnen gefundenen ‚Gestaltgesetze‘. Diese Gestaltgesetze wurden dann von ihnen auf das ganze psychische Geschehen übertragen und erweitert. Im weiteren Verlauf entwickelte sich dann auf den Grundgedanken dieser psychologischen Schule eine neue Philosophie.

Während die Gestaltgesetze als deskriptive Strukturierungsregeln der Wahrnehmung allgemein anerkannt sind, ist die Gestaltpsychologie sowohl als psychologische wie auch als philosophische Theorie umstritten. Da es aber in dieser Arbeit in erster Linie um gestalterische und damit auch um Wahrnehmungsprobleme geht, ist hier nicht der Ort, über die Richtigkeit dieser Theorien zu urteilen. Hierzu sollte an anderer Stelle, z. B. in philosophischen Seminaren innerhalb des Studiums, zur Erläuterung und Diskussion Zeit und Raum gegeben werden.

Strukturierungsregeln

Wir werden hier im weiteren die Gestaltgesetze ausschließlich als Beschreibung der Strukturierung von optischen Reizen in der Wahrnehmung verwenden. Da es im übrigen eine sehr große Zahl von Gestaltgesetzen, weit über hundert, gibt, werden wir uns auf einige wenige, aber zentrale beschränken.

Auf eines gilt es noch hinzuweisen. Der Begriff ‚Gesetz‘ scheint darauf hinzudeuten, daß die beschriebenen Sachverhalte eindeutig und in sich stabil, also nahezu unumstößlich sind. Das ist aber, wie wir bald sehen werden, nicht der Fall. Zum Teil beeinträchtigen sich die verschiedenen Gesetze gegenseitig, ohne daß mit Sicherheit festzulegen wäre, welches Gesetz wann dominiert. Es wäre also besser, von Strukturierungsregeln als von Gestaltgesetzen zu sprechen, das ist aber deshalb nur schwer durchführbar, da sich der Begriff ‚Gestaltgesetz‘ als Fachterminus inzwischen fest eingeprägt hat.

2.1.1. Das Gesetz der Nähe

Sind die Teile des optischen ‚Reizganzen' der Darstellung gleich, erfolgt eine Gliederung des Ganzen im Sinne des kleinsten Abstandes. D.h. in unserem ersten Bild schließen sich die beieinander gelegenen Linienpaare zusammen, wir sehen drei durch größere Zwischenräume getrennte, waagerechte Streifen.

In der zweiten Darstellung ordnen sich die Punkte zu linearen Punktserien, die man als punktierte Linien bezeichnen kann. D.h. der Punkt verliert einen Teil seiner Individualität und reiht sich in die übergeordnete ‚Linie' ein. Im übrigen ist es nahezu nicht möglich, diese Punkte gegen das Gesetz der Nähe in waagerechte Linien zu ordnen.

Im dritten Beispiel wirkt das Gesetz der Nähe sogar zweifach. Einerseits ordnen sich die Punkte zu Linien, die sich ihrerseits wiederum zu Linienpaaren zusammenschließen.

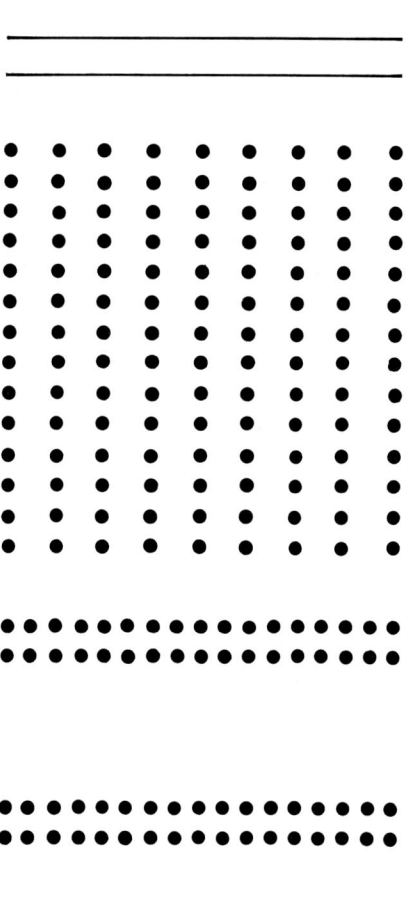

82

2.1.2. Das Gesetz der Geschlossenheit

Linien (auch Punktlinien), die eine Fläche umschließen, werden leichter als Einheit aufgefaßt als solche, die sich unter den gleichen Bedingungen nicht zusammenschließen. So verlieren die Streifen (Bild 1, S.82) ihren Figurcharakter, wenn die Begrenzungslinien der weiten Zwischenräume durch senkrechte Linien verbunden werden. Die Geschlossenheit steht hier vor der Nähe.

Im zweiten Bild sehen wir einen Grenzfall. Im oberen Teil sind der erste, dritte, fünfte und siebente Streifen geschlossen, im unteren der zweite, vierte, sechste und achte. Richten wir unseren Blick auf den oberen Teil, sehen wir den ersten, dritten usw. Streifen als Figur, bei einem Blick in die untere Hälfte ist es umgekehrt.

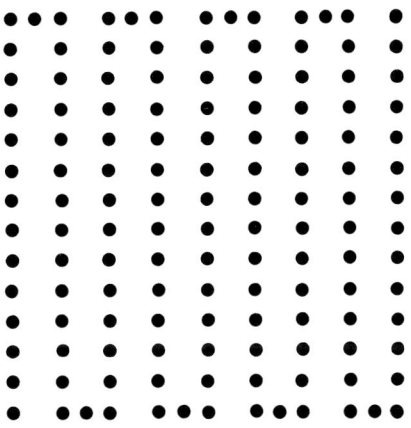

Dieses Gesetz ist auch mit der Grund dafür, daß solche unmöglichen Gebilde als Gesamtheit aufgefaßt werden. Der Konflikt, der bei der Wahrnehmung dieser Figur entsteht, ist kognitiver Natur. (siehe auch III. 2.1.4.1.)

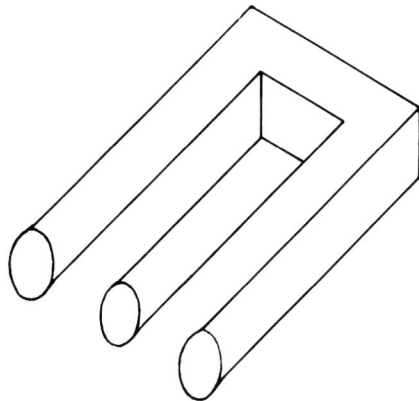

2.1.3. Das Gesetz der Gleichheit

Gleiche optische Elemente werden leicht zu einer Gestalt zusammengefaßt. Im ersten Beispiel ergibt sich aus den vier Kreisen ein Quadrat. D.h. die gleiche Form ist Grundlage für das Ordnen.

Im zweiten Beispiel ist die Farbe bzw. die Helligkeit und die formale Gleichheit der Elemente ausschlaggebend für das Zuordnen. Das Weiß im schwarzen Punkt erscheint heller (siehe S. 122) als das in den schwarzen Winkeln. So sehen wir ein ‚weisses‘ Dreieck vor einem weniger weißen.

Nach den Faktoren ‚gleiche Form und gleiche Farbe‘ kommt hier noch der der gleichen Größe hinzu. Zwölf Punkte der nebenstehenden Zeichnung sind deutlich größer als die anderen, und sie schliessen sich zu einer Figur zusammen, der ‚2‘.

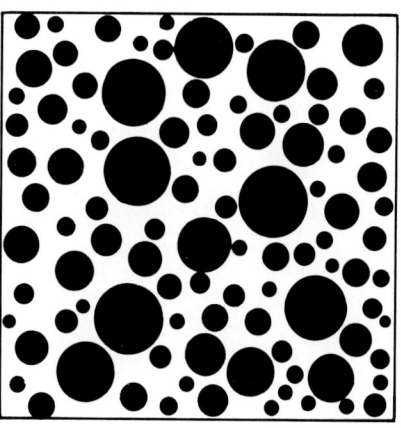

84

In diesem Beispiel ist der ordnende Faktor der gleiche Linienverlauf, die ‚Ebenbreite' die Parallelität. Die Parallelität wie die Symmetrie werden manchmal als eigene Gesetze beschrieben. Wir sehen hier waagrechte, gerade Streifen, mal schwarz, mal weiß, als Untergrund für ‚ebenbreite' gewundene Bänder, die selbst nie Untergrund werden.

Entsprechend der Ebenbreite kann man auch bei Symmetrie von gleichem bzw. entsprechendem Linienverlauf sprechen. So wird der Raum zwischen den gespiegelten Linien zur Figur, hier die weissen Flächen.

Ähnliches können wir im vorigen Beispiel feststellen, wenn wir uns auf die Mitte der Darstellung konzentrieren. Dort wird die obere schwarze und die darunter liegende weiße Fläche zur Figur.

In diesem Beispiel wirken zwei Gesetze gemeinsam, zum einen die Symmetrie und zum anderen die dadurch bedingte Geschlossenheit. Sie sind schuld, daß wir einigermaßen ratlos vor diesen Hieroglyphen stehen.

Deckt man die obere Hälfte der Zeichnung ab, so wird man sehen, was sich dahinter verbirgt.

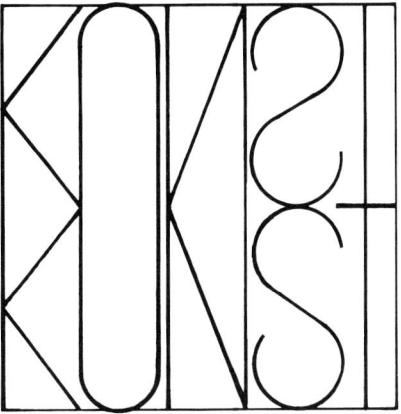

2.1.4. Das Gesetz der Erfahrung

Neben den Gestaltgesetzen, die auf äußeren Gegebenheiten basieren, gibt es auch noch eines, das sich auf biogenetische, aber nicht individuelle Erfahrungen beruft. Das klassische Beispiel hierzu besteht aus drei winkligen Linien. Wer das lateinische Alphabet kennt, wird bei der Deutung nicht lange zögern, er sieht ein großes ‚E‘. Ja, er glaubt sogar, die nicht gezeichneten Konturen zu sehen.

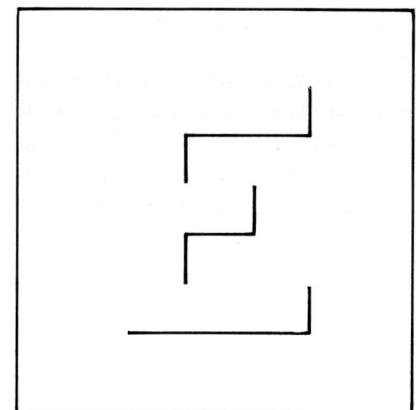

Besonderes Gewicht erhält dieses Gesetz bei der zweidimensionalen Darstellung des Raums. Die Fähigkeit, Räumlichkeit in der zweiten Dimension darstellen bzw. ablesen zu können, ist eine Frage der Erfahrung. So sind weder Kinder noch Mitglieder einiger sog. primitiver Völker in der Lage, solche Darstellungen richtig zu interpretieren. Z. B. gibt es einen Negerstamm, dessen Kultur keinen rechten Winkel kennt, der den sog. geometrisch-optischen Täuschungen, die aufgrund ihrer perspektivischen Wirkung entstehen, nicht erliegt.

Allerdings ist dieses Gesetz eines der labilsten. So sehen wir z. B. das ‚E‘ im obigen Beispiel kaum noch, wenn wir die Darstellung um 90° drehen. Ebenso verschwindet die Räumlichkeit des Würfels (siehe drittes Beispiel), wenn andere Gestaltgesetze, z. B. das der durchgehenden Linie, zum Tragen kommen.

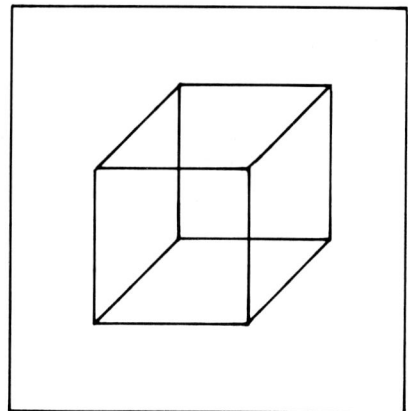

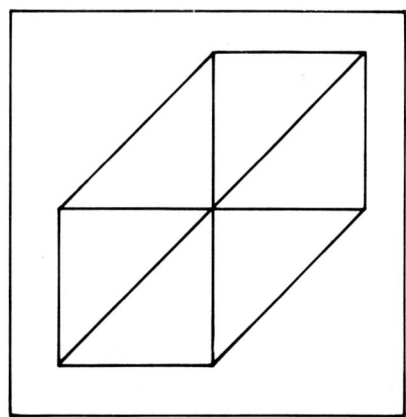

2.1.4.1. Die Perspektive

An dieser Stelle seien noch einige Anmerkungen zur Perspektive, der scheinräumlichen, zweidimensionalen Darstellung räumlicher Gegebenheiten erlaubt.

Nur das Wissen um die Veränderungen von Größen und Winkeln des Raumes bei der Projektion auf eine Ebene, z.B. auf die Netzhaut des Auges, macht es uns möglich, solche scheinräumlichen Darstellungen zu ‚lesen‘ bzw. herzustellen. Bevor diese Gesetzmäßigkeiten erkannt wurden, waren die zweidimensionalen Darstellungen des Raumes, die allerdings selten vorkommen, von einem anderen Phänomen der visuellen Raumwahrnehmung, der ‚Größenkonstanz‘, bestimmt.

Wissen

Diese Erscheinung ist so selbstverständlich und alltäglich, daß wir sie nur in Ausnahmesituationen zur Kenntnis nehmen. Menschen, die auf der Straße an uns vorbeigehen, sich von uns entfernen, werden von uns ‚natürlich‘ nicht in dem Maße ‚kleiner‘ wahrgenommen, in dem sich das Abbild dieser Personen auf der Netzhaut verringert, sie werden nur ‚entfernter‘ gesehen. Erst bei großen Distanzveränderungen, z.B. bei einem schnell vorbeifahrenden Auto oder einem aus dem Bahnhof ausfahrenden Zug, entsteht der Eindruck des kleiner Werdens. Die Größenkonstanz kompensiert also die physikalisch-optische Tatsache, daß die lineare Größe des Abbilds eines Objektes sich verdoppelt (halbiert), wenn der Abstand zwischen dem Objekt und dem Projektionszentrum (der Linse des Auges) halbiert (verdoppelt) wird.

Größenkonstanz

Ein sehr einfach auszuführendes Experiment, das das Phänomen der Größenkonstanz deutlich vor Augen führt, sei hier zur Erprobung empfohlen: Man halte seine eine Hand in Armeslänge, die andere etwa in der halben Entfernung vor sich und vergleiche ihre Größen. Beide Hände erscheinen etwa gleich groß, obwohl das Netzhautbild der näheren Hand etwa doppelt so groß ist als das der anderen. Hält man nun die Hände bei gleichbleibendem Abstand so, daß die näher liegende die untere teilweise verdeckt, wird der perspektivisch bedingte Größenunterschied zwischen beiden Händen sehr deutlich.

Aus dieser Wirkung der Größenkonstanz lassen sich auch viele Versuche der vorperspektivischen Zeit, Räumlichkeit auf der Fläche darzustellen, erklären. So kennen wir Darstellungen der Ägypter, bei denen die entfernteren, hinten liegenden Objekte zwar in denselben Maßen wie vorne, aber zum oberen Bildrand hin verschoben, gestaffelt wurden. Hier war also die Entfernung zwischen der Grundlinie und dem unteren Rand des Objektes das Indiz für seine Stellung im Raum. Ähnliches erleben wir auch in vielen Bildern „naiver“ Maler. Diese Darstellungsweise entspricht der durch die Größenkonstanz beeinflußten realen räumlichen Wahrnehmung eher als die perspektivische. Daraus darf allerdings nicht geschlossen werden, daß die perspektivische Darstellung falsch sei und Räumlichkeit nur noch auf diese altägyptische Weise darzustellen sei, denn die Größenkonstanz verändert ja ‚nur‘ das Netzhautbild bei seiner Decodierung im Gehirn, nicht jedoch die tatsächlichen räumlichen Gegebenheiten bzw. ihre Abbildung auf der Netzhaut.

Aber auch die Größenkonstanz ist kein absoluter Faktor der visuellen Wahrnehmung, auch sie ist abhängig von der Erfahrung. So wurde ein Fehlen der Größenkonstanz bei solchen Menschen beobachtet, die in dichten Wäldern leben und daher keine visuelle Erfahrung mit großen Entfernungen haben. Diese Menschen sahen, nachdem man sie in freies Gelände gebracht hatte, entfernte Gegenstände nur ‚klein‘. Ähnlich ergeht es uns, wenn wir Gegenstände von oben herab in einiger Entfernung unter uns sehen. Die Autos unter einem Aussichtsturm erscheinen uns wie Spielzeug. Allerdings tritt die Größenkonstanz dann wieder in Erscheinung, wenn die zunächst ungewöhnliche Ansicht, wie der Blick von oben, zum Alltag wird. So wird von Schornsteinfegern berichtet, daß sie die Gegenstände unter sich gemäß des Größenkonstanzmechanismus in ‚originaler‘ Größe sehen.

Auf unangenehme Art und Weise zeigt sich das Wesen der Größenkonstanz immer wieder den Fotografen. Das faszinierende Bergpanorama, das man zur Erinnerung fotografiert, erscheint auf dem Foto unscheinbar, klein und reizlos, ebenso wie der schöne große Vollmond, der die Landschaft in ein unwirkliches Licht taucht, er ist auf der Fotografie kaum noch zu finden, so klein ist er. Trotzdem, das Abbild auf dem Foto ist nahezu dasselbe, wie das im Auge auf der Netzhaut, wenn man die Krümmung dieser außer Acht läßt. (Diese Art der Abbildung nennt man Zentralprojektion.)

Zentralprojektion

In der Zentralprojektion fallen die (geradlinigen) Lichtstrahlen, die von Gegenständen reflektiert werden, auf das Objektiv des Fotoapparats bzw. die Linse des Auges und projizieren ein umgekehrtes Abbild des Gegenstandes auf die Platte, den Film oder die Netzhaut. Das Objektiv bzw. die Linse sind das Zentrum der Projektion, hier laufen alle Licht- (Projektions)-strahlen zusammen. Die Projektionsebene muß nicht wie beim Fotoapparat bzw. dem Auge hinter dem Projektionszentrum liegen, sie kann auch zwischen Objekt und Zentrum gedacht bzw. aufgestellt werden. So demonstrierte A. Dürer die Konstruktion der Zentralperspektive. Jeder ‚Durchstoßpunkt‘ eines Projektionsstrahls durch die Projektionsebene ist das perspektivische Abbild des originalen Punktes.

Projektionszentrum
Projektionsebene

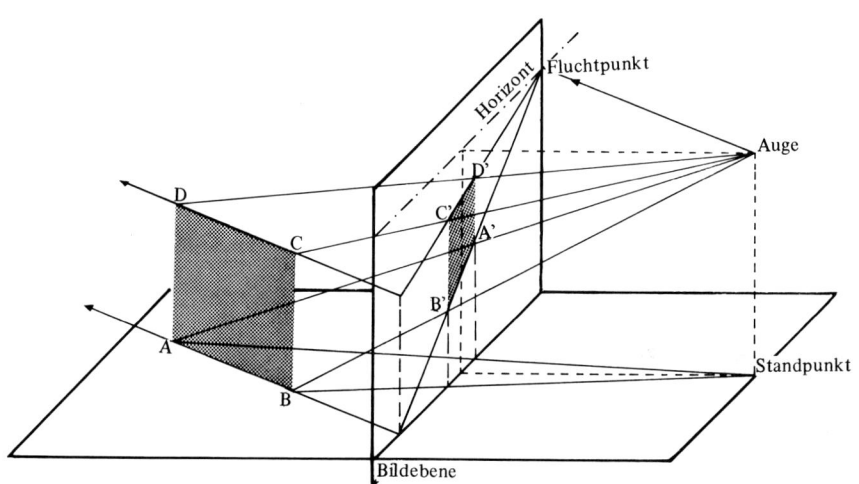

Die wesentlichen Elemente der zentralperspektivischen Darstellung sind:
1. Die Grundlinie, die die Schnittlinie von Bildebene und ‚Fußboden‘ ist.
2. Der Horizont, der die Schnittstelle von Bildebene und der waagerechten Ebene, die durch das Beobachterauge geht, ist.
3. Der Augenpunkt, der in der Mitte des Horizontes liegt.
4. Die Fluchtpunkte, die meist auf dem Horizont liegen.

88

In der perspektivischen Darstellung erscheinen nun alle Linien des Raumes, die
- parallel und waagerecht zur Bildebene verlaufen, auch parallel zur Grundlinie bzw. dem Horizont;
- waagerecht und im rechten Winkel zur Bildebene verlaufen, ausgerichtet auf den Augenpunkt;
- waagerecht, aber nicht parallel oder senkrecht zur Bildebene verlaufen, ausgerichtet auf einen auf dem Horizont liegenden Fluchtpunkt. Alle zu einer ,Raum'-linie parallelen Linien haben denselben Fluchtpunkt;
- ansteigen oder abfallen, ausgerichtet auf einen Fluchtpunkt oberhalb oder unterhalb des Horizonts, der senkrecht über oder unter dem Fluchtpunkt der Horizontalprojektion der betreffenden Linie liegt;
- senkrecht stehen, auch wieder senkrecht.

Wird der Horizont sehr hoch gewählt, ergibt sich eine Darstellung, die Vogelperspektive genannt wird; umgekehrt ergibt sich bei sehr niedrig gewähltem Horizont die Froschperspektive.

Vogelperspektive
Froschperspektive

Auf die genaue Konstruktionsweise zentralperspektivischer Darstellungen soll hier nicht näher eingegangen werden. Interessenten werden in jeder Bibliothek ausreichend Literatur hierüber vorfinden (z.B. 188). Bei der Lektüre dieser Literatur darf aber die von den meisten Verfassern nicht berücksichtigte Differenz zwischen Netzhautbild (Projektionsbild) und dem wahrgenommenen Bild nicht vergessen werden.

In der Zentralperspektive, aber auch in der Parallelperspektive, wird ein weiteres Phänomen der Wahrnehmung sichtbar, das Psychologen lange Zeit unerklärlich schien, die Formkonstanz. Der Begriff der Formkonstanz bezeichnet die Tatsache, daß Formen, die durch ihre Lage im Raum ein ,verzerrtes', deformiertes Projektionsbild auf der Netzhaut ergeben, nicht in ihrer ebenen Abbildungsform, sondern in ihrer tatsächlichen Form gesehen werden. Das Abbild einer kreisrunden Tischplatte ist ja nur dann auch kreisrund, wenn das Auge senkrecht

Formkonstanz

über der Tischplatte ist, trotzdem sehen wir auch von der Seite keinen ovalen, sondern einen kreisrunden Tisch. Im folgenden Bild (links) sehen wir ein unregelmäßiges Viereck und eine Ellipse. Während im ersten Bild zwei zur Bildebene parallele Flächen, also Drachen und Ellipse, gesehen werden, verändern die Figuren in dem Moment ihre Form, in dem sie als Teile eines Körpers ausgewiesen werden. Wir sehen also wieder nicht das Abbild, das auf der Netzhaut entsteht, sondern die tatsächlich vorhandene Grundform in ihrer räumlichen Struktur: ein Quadrat und einen Kreis.

 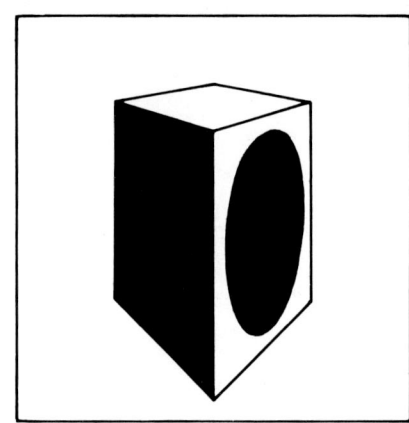

Dieses Phänomen ist also auch mit ein Grund für die späte ‚Entdeckung‘ der Perspektive, denn die Flächen im Raum müssen als ebene Flächen verstanden und gezeichnet werden, so wie sie nur isoliert von den sie umgebenden räumlichen Strukturen gesehen werden können. So erklären sich z. B. dann auch die schnellen Scheinerfolge beim „Garantiert zeichnen Lernen" von B. Edwards (Rowohlt, Reinbek 1982), die abzuzeichnende Formen auf den Kopf stellt und ihnen so ihre Bedeutung (im Raum) nimmt.

Parallelprojektion   Eine zweite, einfachere Form der scheinräumlichen Darstellung ist die Parallelprojektion. Bei ihr geht man davon aus, daß das Projektionszentrum unendlich weit entfernt ist, die Projektionsstrahlen also parallel zueinander liegen. Das bedeutet, daß alle im Raum parallele Linien auch in der Darstellung parallel sind. Augenpunkt und Fluchtpunkt gibt es hier nicht. Diese Form der perspektivischen Darstellung wird insbesondere in der Technik und Architektur angewandt.

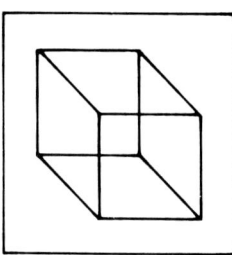 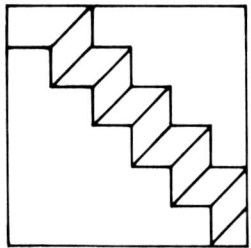 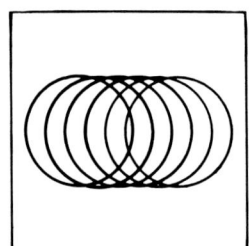

90

Bei den beiden ersten Bildern sehen wir, daß die im Raum parallelen Linien auch auf der Bildebene parallel bleiben. Das bedeutet aber auch, daß im Raum gleich große, parallele Flächen auch im Bild, unabhängig von ihrer Entfernung, gleich groß bleiben. Der Betrachter hat also nicht mehr die Möglichkeit, durch die Bestimmung: groß entspricht vorne und klein entspricht hinten, die Lage des Objekts im Raum zu identifizieren. Beide Flächen können sowohl als die vorne bzw. hinten liegende bestimmt werden.

Aus diesem Grund ergeben sich in der Parallelprojektion oft sogenannte Kippfiguren, die mal von oben, mal von unten, mal die eine, dann wieder die andere Seite als die vordere gesehen werden können. Diese Erscheinung wird auch Umkehrtäuschung oder optische Inversion genannt. Kippfiguren

Die drei Darstellungen (S.90) zeigen solche Kippfiguren. Der Würfel kann sowohl von oben als auch von unten gesehen werden. Ebenso zweideutig ist die ‚Treppe‘: steht man neben ihr und sieht auf die Stufen, oder steht man unter ihr? Geht die ‚Drahtrolle‘ von vorne-rechts nach hinten-links oder von vorne-links nach hinten-rechts? Diese Fragen sind nicht endgültig zu beantworten, die An- bzw. Einsicht kann willentlich geändert werden, aber nie können beide Ansichten zugleich gesehen werden. Im übrigen erscheint immer die hintere der gleichen Flächen etwas zu groß, was nach den Ausführungen über die Zentralperspektive leicht zu erklären ist.

Auf eines sei im Zusammenhang mit der Perspektive noch hingewiesen, das bei einer guten, scheinräumlichen Darstellung nicht außer Acht gelassen werden darf, die Luftperspektive. Da unsere Atmosphäre nicht leer und auch nicht wirklich klar ist, erscheinen weit entfernte Gegenstände blaß und unscharf, der Farbeindruck verflacht. Durch die Berücksichtigung der Luftperspektive kann der Eindruck der Räumlichkeit in der zweidimensionalen Darstellung wesentlich verstärkt werden. Luftperspektive

2.1.5. Das Gesetz der durchgehenden Linie

Die Teile eines Reizganzen, die eine durchgehende Linie ergeben, bilden leichter Einheiten. Z. B. wird man die nebenstehende Darstellung nie als zwei sich achsensymmetrisch gegenüberstehende Halbmonde sehen, wie das in der zweiten Zeichnung gezeigt wird. Ebenso wird man beim Nachzeichnen nicht zu der unten angeführten (Bild 3) oder ähnlichen Linienführungen kommen.

Dies Gesetz erhält deshalb für den Gestalter eine große Bedeutung, weil es bei Überschneidungen von Formen, auch Körpern, ein richtiges ‚Auseinandersehen‘ ermöglicht.

Sind die Schnittwinkel allerdings zu klein bzw. zu groß, kann der Betrachter nicht mehr feststellen, welche Linienabschnitte zusammengehören. Der Zusammenhang und damit auch die Deutung und Bedeutung werden unklar, verschwommen, wenn nicht andere Regeln, z. B. das der Erfahrung oder das der Gleichheit, zu Hilfe kommen.

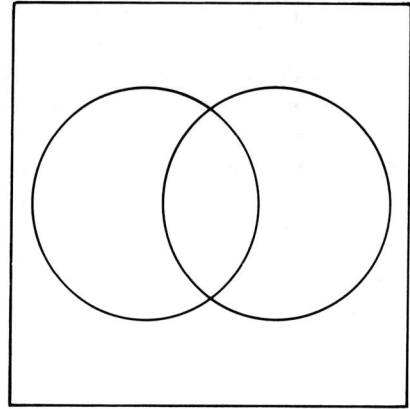

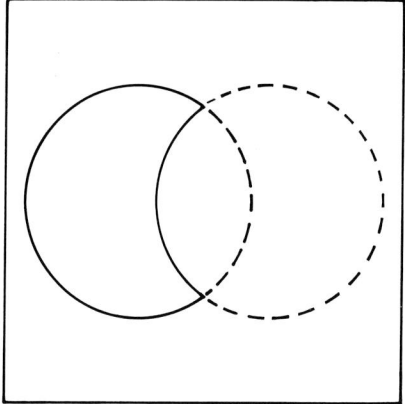

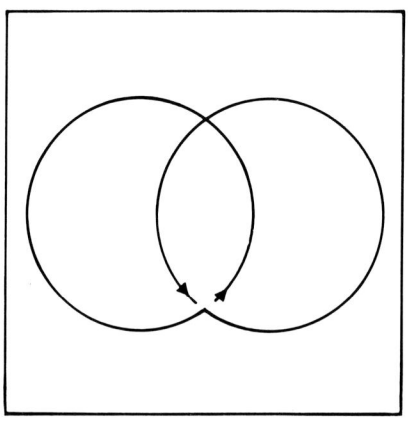

2.2. Die Kombinatorik als Ordnungsprinzip

Um die jetzt besprochenen Gestaltgesetze zu überprüfen, wollen wir einige Superzeichen (komplexe, aus Einzelzeichen zusammengesetzte Zeichen) entwickeln, gestalten.

Auch hierfür bieten sich, wie schon in den Übungen zur Proportion, wieder die beiden Wege, der der Intuition und der konstruktivistische, an. Diesmal wollen wir uns aber ausschließlich auf den mathematisch exakten konzentrieren, da er uns mehr Möglichkeit des Überprüfens, des Kontrollierens und Reflektierens bietet.

Ein Beispiel für exakte, logische, leicht nachvollziehbare syntaktische Regeln ist unter anderem die Kombinatorik. Sie untersucht bzw. stellt fest, auf welche verschiedene Arten eine gegebene Anzahl von Elementen angeordnet und zu Gruppen zusammengefaßt werden kann. Das gilt sowohl für solche Gruppen, in denen die verschiedenen Elemente nur einmal, also ohne Wiederholung, auftreten dürfen als auch für solche mit Wiederholung.

Die Kombinatorik wird in drei Gattungen unterteilt, nämlich in die Permutation, die Kombination und die Variation.

2.2.1. Die Permutation

Die Permutation ist eine Vertauschung der Einzelelemente innerhalb eines Gesamt-komplexes unter gleichzeitiger Verwendung aller gegebenen Elemente. Bei einem Elementen-vorrat von vier Buchstaben: a; b; c; d; ergeben sich dann folgende Konstellationen:

| a b | a b | a c | a c | a d | a d | b a | b a | b c | b c | b d | b d |
| c d | d c | b d | d b | b c | c b | c d | d c | a d | d a | a c | c a |

| c a | c a | c b | c b | c d | c d | d a | d a | d b | d b | d c | d c |
| b d | d b | a d | d a | a b | b a | b c | c b | a c | c a | a b | b a |

Die Berechnungsformel für die Anzahl aller Anordnungsmöglichkeiten ist bei ‚n'-Ele-menten: n! (gesprochen: n Fakultät), d.h. $1 \cdot 2 \cdot 3 \cdot 4 \cdots n$

Bei 4 Elementen also: $4! = 1 \cdot 2 \cdot 3 \cdot 4 = 24$

Sind unter den ‚n' Elementen gleiche so lautet die Formel: $\frac{n!}{n_1! n_2! \ldots n_s!}$

z.B. $n = 4$; $n_1 = 2$; $n_2 = 2$; (a; a; b; b); $\frac{4!}{2! \, 2!} = \frac{24}{2 \cdot 2} = 6$

Das ergibt folgende Buchstabenkombination:

| a a | a b | b a | a b | b a | b b |
| b b | a b | b a | b a | a b | a a |

Die nebenstehenden Beispiele sind Permutationen ohne Wiederholung aus den fol-genden 4 Elementen:

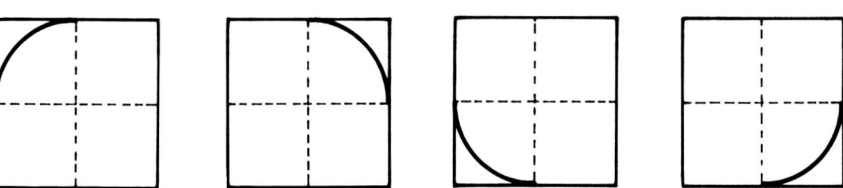

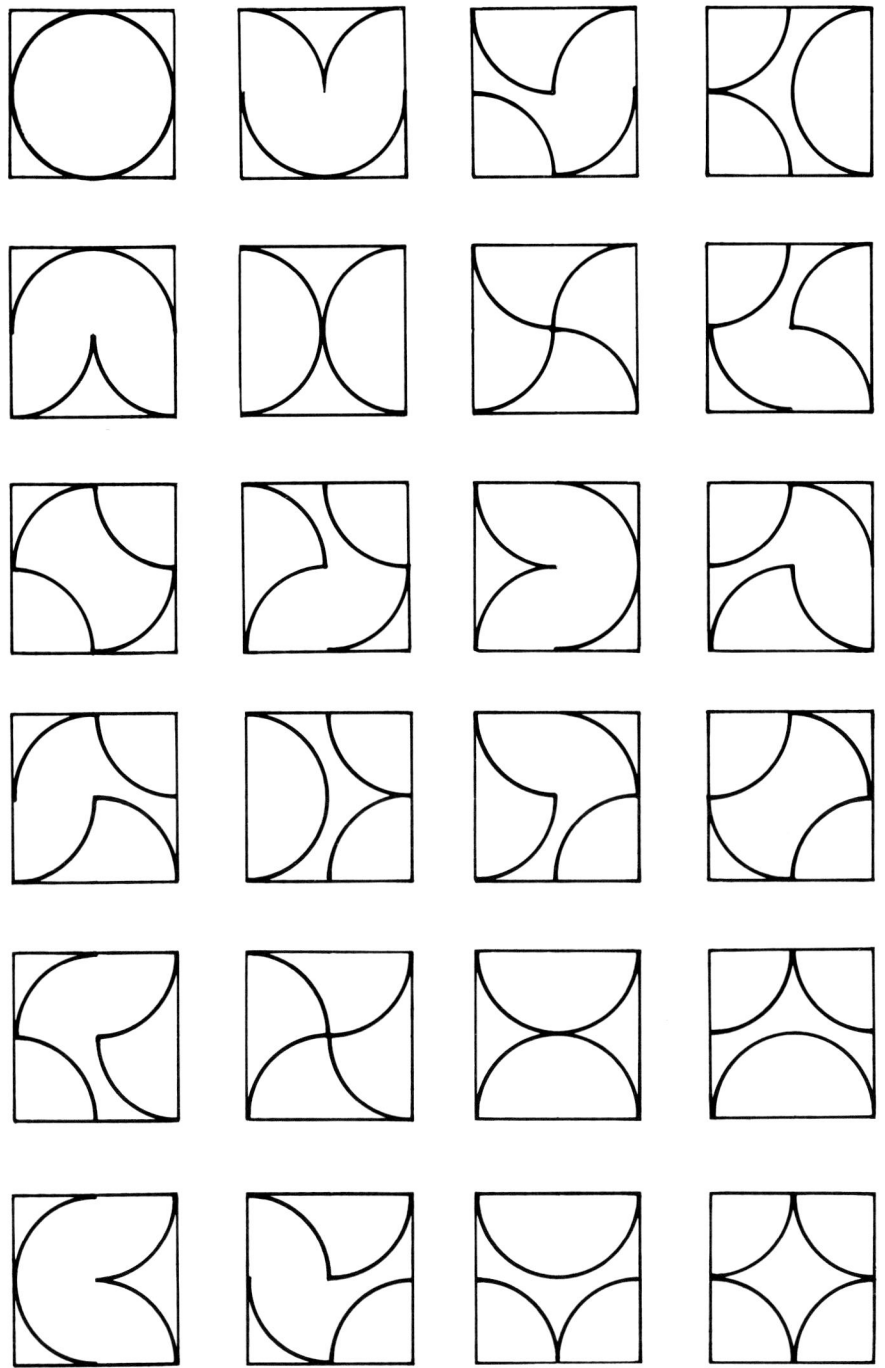

2.2.2. Die Variation

Die Variation entspricht der Permutation, allerdings mit der Einschränkung, daß nur ein Teil des Elementenvorrats ‚n' jeweils zur Anwendung kommt.

Wenn man aus ‚n' verschiedenen Elementen verschiedene herausgreift und dabei auf die Reihenfolge achtet, so bilden diese ‚r'-Elemente eine Variation r-ter Klasse von ‚n' Elementen ohne Wiederholung. Zur Erläuterung wollen wir das oben gewählte Buchstabenbeispiel verwenden. Von den vier Buchstaben wollen wir je zwei herausgreifen, also n = 4; r = 2. Das ergibt folgende Variationen:

ab; ac; ad; ba; bc; bd; ca; cb; cd; da; db; dc; also zwölf Möglichkeiten.

Die Formel, mit der die Anzahl der Variationen errechnet werden kann, lautet:

$$\frac{n!}{(n-r)!} = \frac{4!}{(4-2)!} = \frac{1 \cdot 2 \cdot 3 \cdot 4}{1 \cdot 2} = \frac{24}{2} = 12$$

Darf unter den ‚r' herausgegriffenen Elementen dasselbe Element mehrmals vorkommen, liegt eine Variation mit Wiederholung vor. Die Anzahl der Konstellationen berechnet sich jetzt nach der Formel ‚n^r'. Die Variation mit Wiederholung beschränkt sich aber nicht nur auf die Möglichkeiten, bei denen ‚r' eine Teilmenge von ‚n' ist. Ist ‚r' größer als ‚n', so bezeichnet ‚r' die Zahl der vorhandenen Stellen, auf denen die ‚n'-Elemente mit Wiederholung angeordnet werden; z. B. n = 2 (a; b), r = 3 ergeben: $2^3 = 8$ Möglichkeiten:

aaa; aab; aba; baa; bba; bab; abb; bbb.

Bei dem nebenstehenden Beispiel geht es um eine Variation mit Wiederholung, mit zwei Elementen und vier Stellen, es gibt also $2^4 = 16$ Variationen.

2.2.3. Die Kombination

Die Kombination bedeutet eine weitere Einschränkung gegenüber der Variation. Während es in der Variation noch möglich war, durch einfaches Spiegeln der Elemente eine neue (gültige) Konstellation zu erhalten, gilt bei der Kombination eine solche Umstellung nicht.

In unserem Buchstabenbeispiel verbleiben also nur noch die Varianten: ab; ac; ad; bc; bd; cd; sechs Kombinationen. Bei der Kombination mit Wiederholung kommen noch die Konstellationen: aa; bb; cc; dd; hinzu, insgesamt also zehn Kombinationen.

Die beiden Formeln zur Kombination sind so kompliziert, daß sie hier unerwähnt bleiben müssen. Außerdem sind ja alle Varianten der Kombination in den Möglichkeiten der Variation enthalten.

An den Bildbeispielen zur Kombinatorik sehen wir schon, welche Möglichkeiten sich hier für den Gestalter bieten. Wir sehen, wie sich von Mal zu Mal verschiedene Elemente zu jeweils neuen Einheiten zusammenschließen, wie sich Superzeichen bilden und wie stark diese in ihren Bedeutungen und den Assoziationen, die sie hervorrufen, differieren. Die Kombinatorik bietet sich so unter anderem besonders für die Gestaltung von Zeichensystemen und Zeichen für Serien (Erkennungsmerkmale für Buchreihen, Anzeigen- oder Plakatserien) an.

Superzeichen

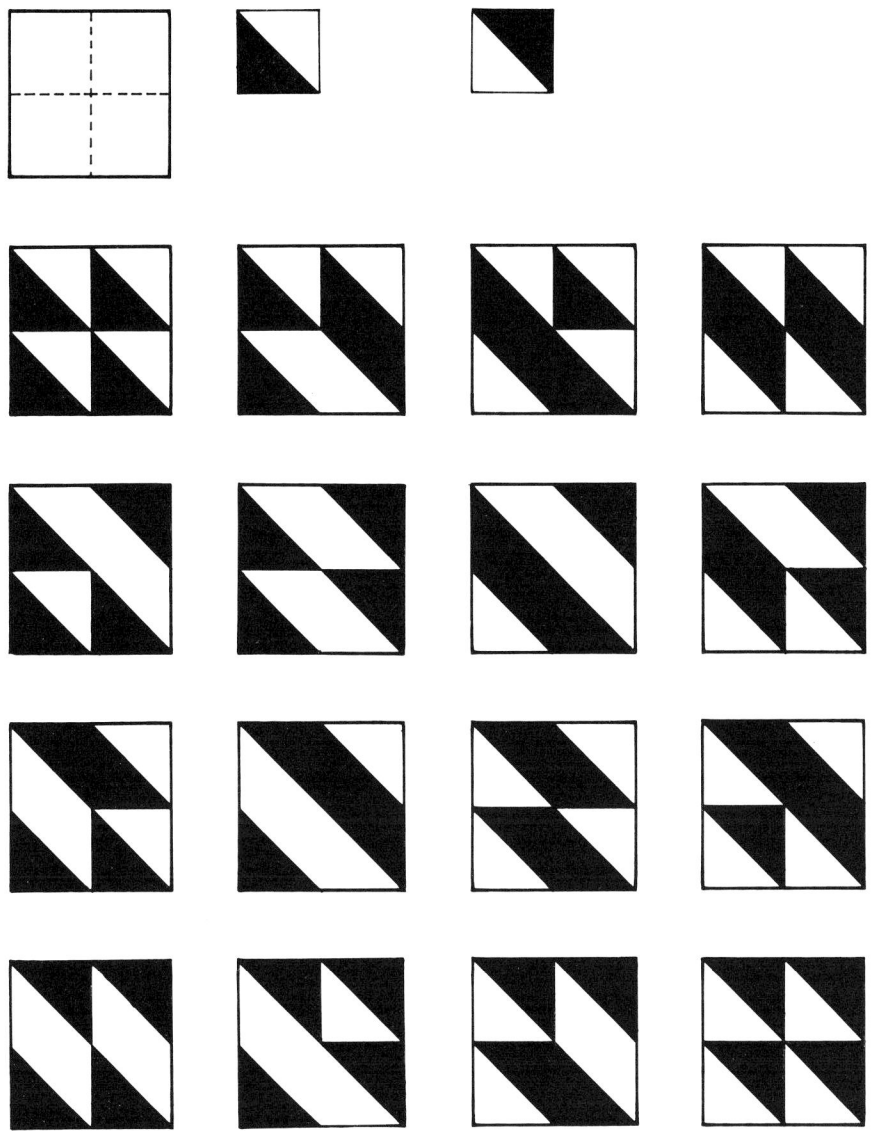

Praktische Übung zum Thema: Kombinatorik

Aufgabe   Bilden von Superzeichen

Ein Quadrat ist durch einfache Formen (flächig oder linear) zu gestalten. Dieses Quadrat ist unser Grundelement. Drei weitere Elemente gewinnen wir durch Drehung des Grundelements um je 90°. (Deshalb keine achsen- und punktsymmetrische Gestaltung dieses Elements.)

Durch Variation mit Wiederholung sollen auf einem 16-mal so großen Quadrat (Quadratraster) Superzeichen gebildet werden.

Bei dieser Aufgabe ist nicht das Entwickeln von neuen Formen entscheidend, sondern das Auswählen aus dem gesamten Vorrat aller möglichen Variationen, und dieser ist unter den gegebenen Bedingungen nicht gerade klein, nämlich: $4^{16} = 4\,294\,967\,296$.

Aus diesem Grund ist es für solche Aufgaben empfehlenswert, jedes Element in der Zahl der Stellen herzustellen und auszuschneiden (hier sind es nur 16 Karten, da sich die verschiedenen Elemente ja nur durch die Drehung unterscheiden). Mit diesen Elementen können jetzt, wenn gewünscht, alle Variationen gelegt werden und nur noch die wenigen, die zur Realisierung ausgewählt werden, sind zu zeichnen.

Auswählen wollen wir solche Variationen, bei denen sich die Einzelelemente zu neuen, stabilen Figuren zusammenschließen. Wenigstens sechs solcher Superzeichen sollten im Format 30:30 cm realisiert werden, für die Entwürfe genügt das Format 12:12 cm.

Was für Figuren sind entstanden (Beschreibung), welche Assoziationen wecken sie, wie werden sie interpretiert, gedeutet?

Welche schon beschriebenen Gestaltgesetze sind festzustellen, welche anderen Strukturierungsregeln sind noch zu entdecken?

Die nebenstehenden Beispiele (4 Elemente auf 9 Belegstellen) sind eine Auswahl aus einem Vorrat von 262 144 Exemplaren; sie zeigen, welch extrem unterschiedliche Figuren sich durch Variation aus den gleichen Formen bilden lassen.

98

99

2.3. Figur – Grund

Nachdem wir uns nun mit einigen Strukturierungsregeln beschäftigt haben und gesehen haben, welche Relationen zwischen Einzelformen das Sehen von Einheiten, Figuren erleichtern, wollen wir uns einer zweiten Eigenschaft der Figur zuwenden.

2.3.1. Die Kontur

Jede Figur hat ein Umfeld, von dem sie sich abhebt. Entweder befindet sich die Figur auf einem Untergrund oder vor einem Hintergrund. Zwischen Figur und Grund existiert eine Grenze, die Kontur.

Welche Eigenschaften besitzt nun die Kontur?

Nehmen wir beispielsweise an, eine schwarze Figur läge auf einem weißen Grund, welche Farbe hat dann die Kontur, ist sie schwarz oder weiß? Oder – vor mir auf dem Schreibtisch liegt ein Blatt Papier – ist seine Kontur aus Papier oder aus Holz?

Weder – noch. Die Kontur ist weder schwarz noch weiß, weder aus Papier noch aus Holz, sie ist ‚nur‘ die Grenzlinie zwischen beiden, sie ist die Grenze zwischen Flächen und **imaginäre Linie** Körpern bzw. zwischen Körper und Raum und damit eine imaginäre Linie, doch indem sie die Figuren vom Grund abgrenzt, wird sie zur Figur gezählt.

Der Unterschied zwischen Flächen besteht nun entweder in den jeweiligen ‚Gestaltqualitäten‘ oder den Qualitäten ihrer stofflichen Elemente. Wir können die Kontur also auch **Qualitätssprung** als ‚Qualitätssprung‘ zwischen Flächen, Körpern und Raum bezeichnen, und als solcher entspricht er der mathematischen Linie, ohne Breite und Höhe, nur in seiner Länge bestimmt.

Je größer dieser Qualitätssprung ist, also je größer der Kontrast zwischen Figur und Grund, desto klarer und eindeutiger ist die Figur auf dem Grund zu erkennen.

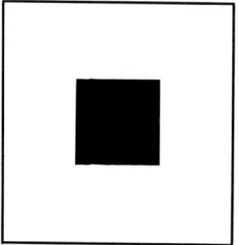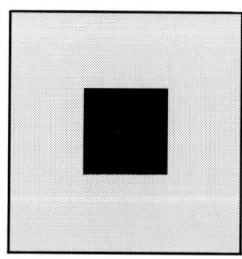

Nebel, Milchglas oder ähnliches löst die Kontur, die Umrißlinie, mehr oder weniger stark auf. Die Qualitäten von Figur und Grund vermischen sich, es besteht kein Qualitäts-‚sprung‘ mehr, sondern nur noch ein mehr oder weniger weicher Übergang, der die Form der Figur nur noch ahnen läßt. Die Figur-Grund-Differenzierung wird erschwert.

Für den Gestalter ist es oft unumgänglich, von den gegebenen realen Gegenständen zu abstrahieren, mit wenigen Mitteln das Wesentliche zu zeigen. Zu diesem Zweck kann er auf die Darstellung der stofflichen Elemente (Helligkeit, Farbe) des Gegenstandes verzichten und nur die Kontur, die (flächige) Umrißlinie, aufzeigen.

Kartenzeichen, Gesicht und Telefon, jedesmal nehmen wir die Figur wahr, d.h. ihre Fläche und Struktur, nicht die Umrißlinie als Linie; sie bezeichnet nur die Grenze der Figur. Auch hier ist die Kontur, obwohl sie eine (minimale) Breite hat, also Fläche ist, im Prinzip eine mathematische (imaginäre) Linie. Ihre Funktion ist, die Fläche, die sie umschließt, und deren Struktur zur Geltung zu bringen. Die Linie selbst ist unwichtig, sie hat keinen Eigenwert.

Struktur

Erst wenn sie eine bestimmte Breite, gemessen an der Größe der gesamten Figur, übersteigt, verliert sie diese Eigenschaft und wird eigenständige Fläche. Dasselbe geschieht auch bei der Feder- oder Pinselzeichnung, wenn die Linie Unregelmäßigkeiten aufweist.

In diesen Beispielen erkennen wir die Unterschiede zwischen Linie, Streifen und Fläche. Im ersten Beispiel haben wir eine weiße Fläche, beim zweiten kann man von einer weißen Fläche mit schwarzem Rand sprechen, beim dritten sehen wir das weiße Quadrat mit einem schwarzen Rahmen und beim vierten haben wir ein weißes Quadrat auf einer schwarzen Fläche. Die Linienstärke einer gezeichneten Kontur ist also abhängig von den Ausmaßen der dargestellten Figur und ihrem Umfeld.

Nun noch einige Beispiele, wie gleiche Formen auf verschiedene Art und Weise dargestellt werden können. Zuerst zwei Beispiele, die zeigen, wie wenige Elemente notwendig sind, um eine einfache Figur entstehen zu lassen: ein Dreieck und ein ‚weißes‘ Dreieck.

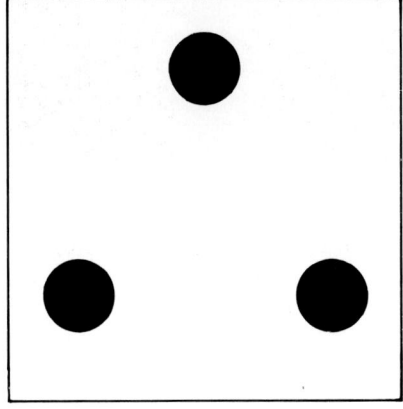 

In beiden Beispielen genügen schon wenige Anhaltspunkte, um die Kontur des Dreiecks als imaginäre Linie anzuzeigen. Diese Tatsache ist deshalb von großer Bedeutung für den Gestalter, da sie es ihm ermöglicht, mehrere optische Elemente auch bei größerer räumlicher Entfernung durch solche imaginären Linien zu ordnen und in Beziehung zu bringen.

Auch in den folgenden Beispielen wird das gleichseitige Dreieck unsere Figur sein, die wir auf unterschiedliche Weise darstellen:

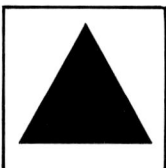  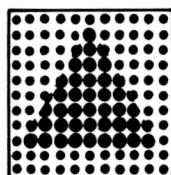 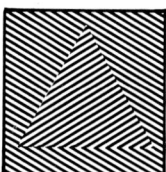

Im ersten Beispiel ist der Qualitätskontrast zwischen Figur und Grund optimal, schwarze und weiße Fläche stoßen hart und geradlinig aufeinander. Bei den weiteren Beispielen fehlt die geschlossene Umrißlinie, trotzdem wird die Dreieckskontur in allen Fällen vom Betrachter wahrgenommen. Sie ist die Verbindung z. B. der Endpunkte der Schraffur, sie umschließt Entsprechendes (Gesetz der Gleichheit) zu einer Einheit, einem geschlossenen Ganzen.

Im letzten Beispiel ist zu beachten, daß hier das Gesetz der Gleichheit, hier der Parallelität, über das der Geschlossenheit dominiert. Wir sehen immer noch das Dreieck, decken wir aber die obere Hälfte der Zeichnung ab, sehen wir eine Pfeilform (nach links), die im Gesamtbild keine Bedeutung hat.

Bei den nächsten Zeichnungen handelt es sich um Dreiecke, die nur durch die Kontur vom Grund abgehoben sind:

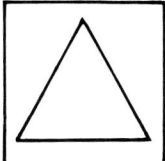 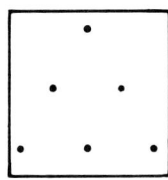 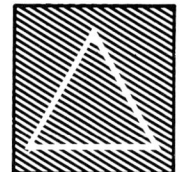 

Im dritten Beispiel ist zu beachten, wie sich der Helligkeitswert der Dreiecksseiten von Seite zu Seite ändert, obwohl doch die Schraffur die gleiche bleibt. Je mehr sich der Winkel zwischen Schraffur und Kontur einem rechten Winkel nähert, desto mehr, aber kürzere Linien haben auf der Länge der Kontur Platz, die Schraffur wird im Bereich der Kontur dichter, die Enden der Schraffur rücken näher zueinander. Dadurch wird der Kontrast zwischen schraffierter Fläche und Umfeld größer und die Kontur deutlicher. Umgekehrt neigt die nicht so konträr schraffierte Fläche zu einer ‚eingebeulten' Kontur, sie wirkt kleiner als sie ist.

2.3.2. Das Gesetz der Gleichheit

Indem die Gestaltgesetze Regeln für das Strukturieren von optischen Reizen zu Gestalten, Figuren sind, sind sie auch Regeln für das Differenzieren optischer Reize in Figur und Grund. Einige Gesetze sind nur unter diesem Aspekt zu verstehen. Die erste Unterscheidung, die wir zwischen Figur und Grund feststellten, war die der verschiedenen Qualitäten, die der Abgrenzung beider durch die Kontur, was im Prinzip dem Gesetz der Geschlossenheit entspricht.

Auch das Gesetz der Gleichheit kann bei der Figur-Grund-Differenzierung eine Rolle spielen. Im ersten Beispiel sehen wir zuerst fünf schwarze Kreise auf weißem Grund. Dadurch, daß wir dem weißen Quadrat (rechts) ein Umfeld zuordnen, hier die schwarze Fläche, wird das weiße Quadrat zur Figur. Haben nun die ursprünglichen Figuren (die Kreise) die gleichen stofflichen Elemente, Qualitäten wie der neue Grund, verbinden sie sich mit ihm und werden auch Grund-Hintergrund. Deshalb sehen wir nicht etwa schwarze Kreise auf weißem Quadrat, das wiederum auf einer schwarzen Fläche liegt, sondern wir haben eine durchlöcherte weiße Fläche vor einem schwarzen Hintergrund.

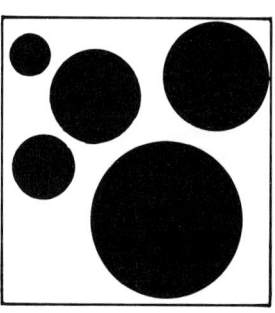

2.3.3. Das Gesetz der Innenseite

Ein Kennzeichen für geschlossene Formen ist, daß der Innenwinkel zwischen zwei Seiten meist kleiner ist als der Außenwinkel. So besagt dieses Gesetz, daß Linien für den Teil der Darstellung Kontur sind, den sie zwar nicht völlig umschließen, doch aber einschließen. So sehen wir im ersten Beispiel eher ein schwarzes Kreissegment als eine weiße Figur vor schwarzem Hintergrund.

Im zweiten Beispiel dominiert dagegen die Form eines für das Format etwas zu großen weißen Kreises auf schwarzem Grund.

Im dritten Beispiel wieder ein Grenzfall. Aufs Ganze gesehen ist hier weder der weiße noch der schwarze Teil Figur bzw. Grund, denn beide Teile haben gleich viel Innenseite. Betrachten wir das Ganze mit dem Blickpunkt oben links, so dominiert der weiße Teil als Figur; ist der Blickpunkt unten rechts, so dominiert der schwarze Teil.

2.3.4. Das ‚Um'-Feld

Wie unser letztes Beispiel gezeigt hat, gibt es trotz aller Regeln aber eine ganze Reihe von Möglichkeiten, bei denen sich zwei oder mehrere Flächen gegenüberstehen, ohne daß die eine oder andere verbindlich zur Figur erklärt werden kann. Die wohl bekannteste dieser Darstellungen ist die Rubin'sche Vase. Handelt es sich bei ihr um die Darstellung einer Vase oder um die zweier Gesichter?

Um solche Darstellungen eindeutiger zu machen, haben wir mehrere Möglichkeiten, z. B. die Vergrößerung des Umfeldes, des Grundes (siehe oben). In der ersten Variante vergrößern wir die weiße Fläche zur Seite und nach oben. Dabei wird diese Fläche zur Umform und sie ist weniger geschlossen. Die Figur ‚Vase' dominiert. In der zweiten Variante vergrößern wir die schwarze Fläche, sie umschließt jetzt die weiße Form, die wir als Gesichter identifizieren. Insgesamt können wir sagen, daß die kleinere Fläche eher als Figur, die größere Fläche eher als Grund gesehen wird, sofern nicht durch andere Strukturierungsregeln wie die Gesetze der Innenseite oder der Geschlossenheit die Figur klar bestimmt ist, wie das die nächste Darstellung zeigt.

2.3.5. Die Binnengliederung

Eine zweite Möglichkeit, die Figur gegenüber dem Grund auszuzeichnen, ist die Binnengliederung der Figur. Sie verdeutlicht die Struktur der Figur. Und wie wir in der Definition der Gestalt/Figur gesehen haben, ist die Struktur das wesentliche Moment der Gestalt, im Gegensatz zum Grund, der im Prinzip keine Struktur aufweist. Die Rubin'sche Vase ließe sich danach folgendermaßen verändern:

Durch das Andeuten der Wölbung der Vase bzw. das Andeuten der Augen und Münder der Gesichter sehen wir entweder eindeutig nur die Vase oder die Gesichtsprofile.

Viele Arbeiten des holländischen Graphikers M.C. Escher leben von solch doppeldeutigen Figur-Grund-Rastern. So kennzeichnet er z. B. auf einer Seite des Bildes die schwarzen Flächen durch Binnengliederung als Figuren auf weißem Grund. Zur Mitte verringert er diese Gliederung, um gleichzeitig die weißen Grundflächen immer stärker zu gliedern. So sehen wir schließlich auf der anderen Seite des Bildes weiße Figuren auf schwarzem Grund.

 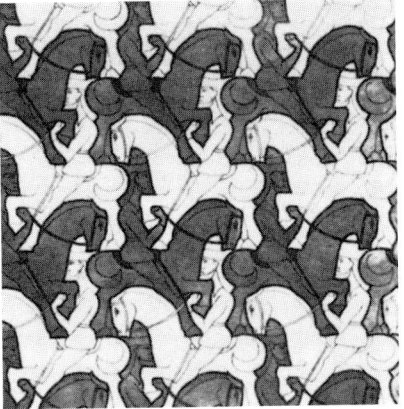

Zu diesen doppeldeutigen Mustern (51, S.10, Abb.13) ist noch anzumerken, daß es dem Betrachter nie möglich ist, die beiden konträren Figuren gleichzeitig als Figuren zu sehen. Entweder man sieht, z.B. rechts, die grauen Reiter auf weißem Grund oder die weißen Reiter auf grauem Grund. Der Wechsel von grauer zu weißer Figur kann zwar sehr schnell erfolgen, aber eine Gleichzeitigkeit ist nicht zu erreichen.

Zusammenfassend können wir sagen, daß die Binnengliederung eine wesentliche Hilfe ist, um komplexe Figuren gegen einfache Umfelder auszuzeichnen und kenntlich zu machen.

2.3.6. Das Gesetz der guten Gestalt; das Gesetz des Aufgehens

Auch bei Netzen gelten die Gestaltgesetze, insbesondere das der ‚einfachen‘ guten Gestalt, das besagt, daß einfache geschlossene Teilganze, hier eines Netzes, als Figur gesehen werden, wie im folgenden Beispiel die großen und kleinen Quadrate und nicht die sechsseitigen ‚Fadenrollen‘ zwischen den Quadraten.

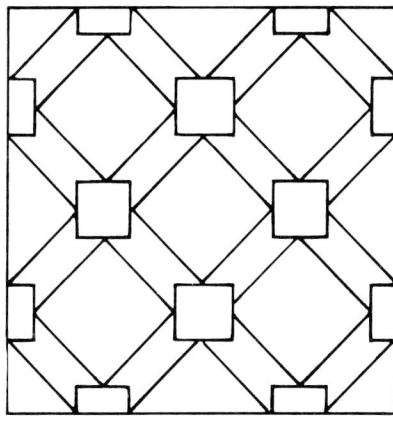 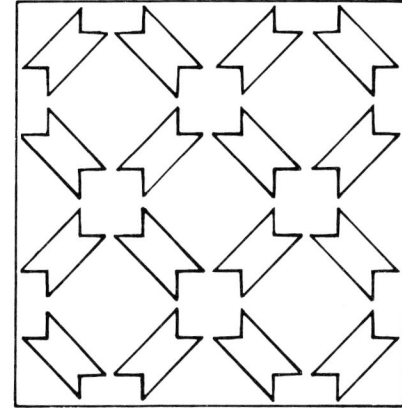

Auch das Gesetz des Aufgehens spielt bei der Figur-Grund-Differenzierung von Netzen eine Rolle. In den folgenden Beispielen sehen wir, wie sich die Figur-Grund-Beziehungen ändern nur durch den unterschiedlichen Beginn und das Ende des Netzes.

  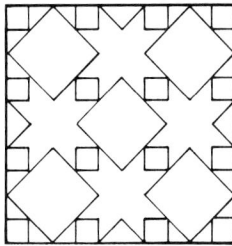

2.4. Die sogenannten geometrisch-optischen Täuschungen und ihre Bedeutung in der Gestaltung

In klassischen Werken über visuelle Phänomene stünde statt dieser Überschrift ausschließlich der Begriff ‚geometrisch-optische Täuschungen‘. Doch aus zwei Gründen halte ich die Verwendung dieses Begriffs in diesem Zusammenhang für wenig angebracht.

Zum ersten kommen Täuschungen dieser Art im täglichen Leben praktisch nicht vor, da wir nicht in Zentimetern bzw. Quadratzentimetern sehen. Und unser Sehen ist nicht ‚falsch‘, wenn zwischen wahrgenommener und metrischer Größe eine Diskrepanz besteht.

Zum zweiten ist es für den Gestalter wichtig, die Differenzen zwischen wahrgenommener und metrischer Größe zu kennen, um Sachverhalte - trotz aller mathematisch-geometrischen Normen - ‚richtig‘ darstellen zu können. Auch lassen sich optische Elemente in ihrer Wirkung und Bedeutung durch den Gebrauch ‚optischer Täuschung‘ verstärken. Für uns sind also nicht die Täuschungen als solche interessant, sondern die Wirkungen, die durch sie erreicht werden können.

2.4.1. Absolute bzw. empfundene Größe

Das wohl bekannteste Beispiel der geometrisch-optischen Täuschungen ist die Müller-Lyer'sche Pfeiltäuschung. Bei ihr geht es um die Einschätzung der Streckenlängen zwischen den ‚angesetzten‘ Winkeln. Fraglich erscheint hierbei allerdings, inwieweit diese Strecke von den Winkeln isoliert gesehen und gemessen wird. Ist sie nicht ‚nur‘ Teil der gesamten Figur?

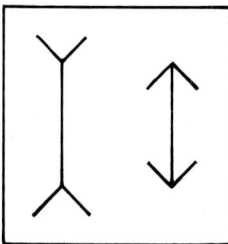 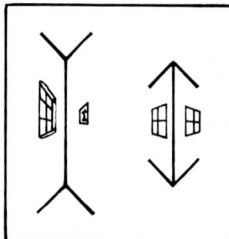 

Eine mögliche Erklärung dieser Täuschung ist die, daß die Figur vom Betrachter perspektivisch gedeutet wird. Dann entspricht die Figur mit den einwärtsgerichteten Winkeln einer hinten liegenden Raumecke, die andere der vorderen Kante eines Würfels (Hausecke). Und wenn zwei Strecken in einer perspektivischen Abbildung gleich groß sind, ist die entfernter liegende Strecke in der Realität größer als die näherliegende (siehe III, 2.1.4.1.).

Eine andere Deutung wäre die, daß der Pfeil als Grenzlinie zwischen zwei Flächen angesehen wird, wobei bei der größeren Fläche auch die größere Seite vermutet wird. Dies wäre auch eine mögliche Erklärung für die Müller-Lyer'sche Diagonaltäuschung: die Diagonalen der beiden Parallelogramme sind gleich (rechte Abbildung).

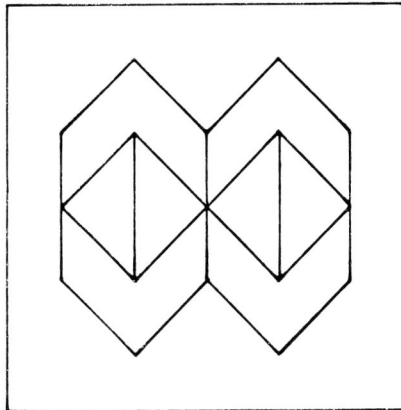 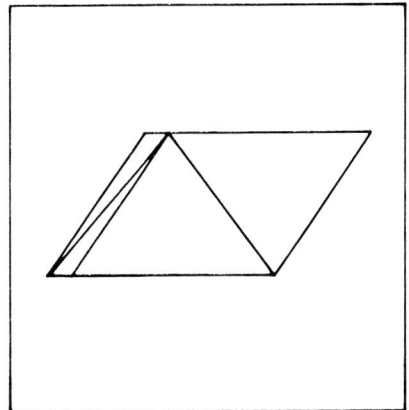

Die beiden nächsten Beispiele zeigen die Abhängigkeit der Größeneinschätzung von dem Umfeld des zu Schätzenden. Der Kreis in der Mitte der beiden ‚Blumen' ist gleich groß, er erscheint jedoch als Mitte der großen Blume kleiner als in der kleinen. Der Kontrast ‚groß – klein' beeinflußt die Größeneinschätzung.

Einfluß des Umfelds

 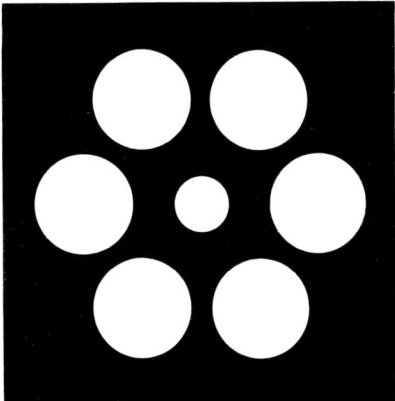

perspektivische Täuschung

Die Ponzo'sche Täuschung (links) ist (eindeutig) eine perspektivische Täuschung. Die nach oben zusammenlaufenden Linien können als nach hinten verlaufende Parallele gedeutet werden, daher wirkt die ‚weiter hinten liegende' Horizontale länger als die ‚vordere'. Deutlicher wird diese Erklärung noch in der zweiten Darstellung. Zum einen besteht die Maßeinheit der Fläche und zum anderen die variable Maßeinheit der Scheinräumlichkeit. Auf dieser Differenz basieren auch alle sogenannten ‚unmöglichen Objekte' wie z. B. die Darstellung auf Seite 83: ‚Hufeisenmagnet – drei Stäbe'.

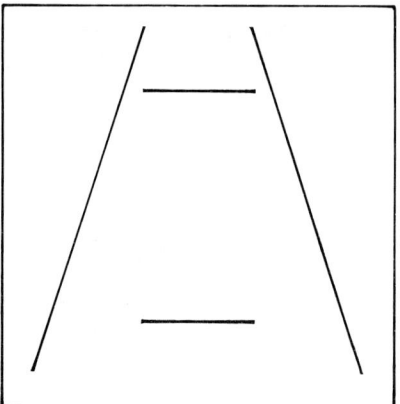 

Streckenteilung

Ein weiteres Phänomen ist, daß Strecken, die mehrfach unterteilt sind, länger wirken als ungeteilte. Diese Wirkung kann umschlagen, wenn nur wenige Abschnitte die Strecke teilen (rechts).

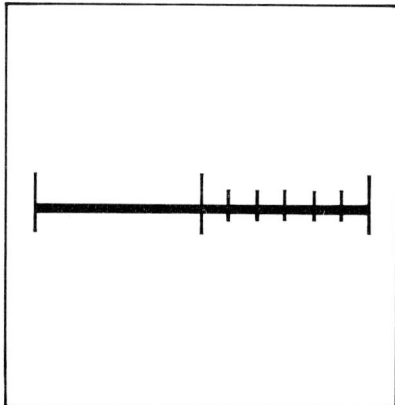 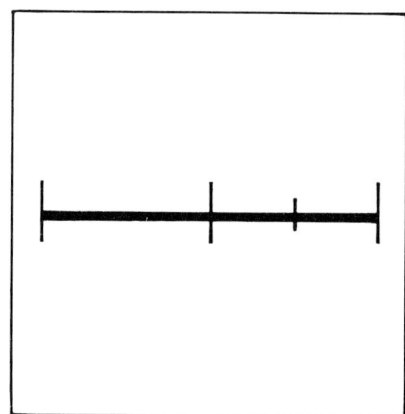

Auch bei dem Vergleich von horizontalen und vertikalen Strecken stellen wir eine Differenz fest. Das übliche Beispiel, die sogenannte Zylindertäuschung (links), ist allerdings nur teilweise zutreffend, denn wenn wir das Bild um 90° drehen, erscheint die Hutkrempe immer noch kleiner als die ‚Röhre‘. Die Überschätzung dieser Höhe resultiert auch mit aus der vorher beschriebenen geringen Streckenteilung. Dagegen ist die Tatsache, daß ein mathematisch richtiges Quadrat etwas zu hoch erscheint, auf die Überschätzung der vertikalen Strecken zurückzuführen. Im untenstehenden Beispiel wurde auf dem mathematisch korrekten Quadrat (schwarz) mit einer weißen Linie die Höhe des optisch richtigen Quadrats eingezeichnet.

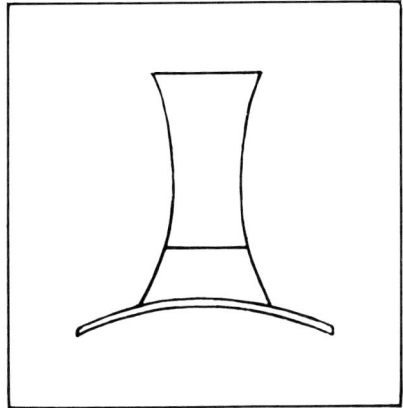 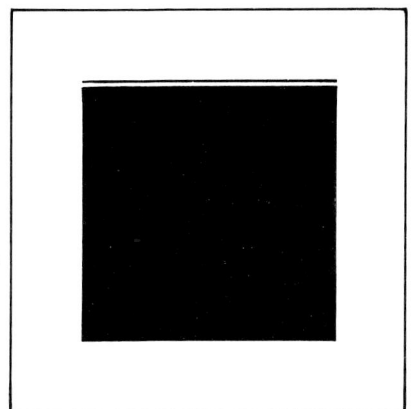

In den folgenden vier Darstellungen sehen wir, wie die Höhenüberschätzung und die Größenwirkung durch Streckenteilung zusammenwirken. Vervollständigt man die Kontur der Quadrate, verliert dies Phänomen zwar an Wirkung, bleibt aber auch dann noch erhalten.

Ein ähnliches Problem ist das der mathematischen bzw. der ‚optischen Mitte‘ bei Vertikalen. Besonders deutlich wird das bei einer konstruierten Schrift. (Der jeweils linke Buchstabe ist nach mathematischen, der jeweils rechte nach optischen Gesichtspunkten gezeichnet, Zeichnung nächste Seite). Die optische Mitte ist, wie wir sehen, abhängig von der Umform, mal oberhalb, mal unterhalb der arithmetischen Mitte.

113

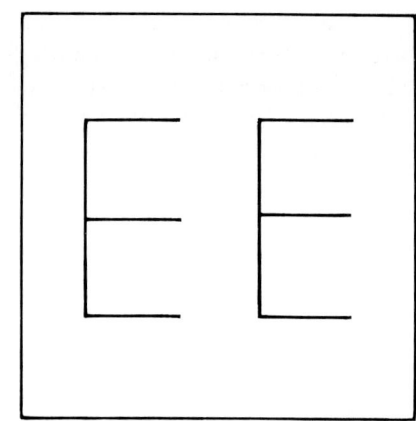

Irradiation   Die Irradiation ist ein weiteres, für den Gestalter wichtiges Phänomen. Irradiation bedeutet, daß die intensive Lichtreflexion heller Flächen die angrenzenden Netzhautbereiche reizt und somit die helle Fläche größer erscheinen läßt, als sie tatsächlich ist. Diese Tatsache ist besonders dann wichtig, wenn weiße Schrift auf schwarzem Grund angelegt wird. Die Schrift darf dann nämlich nicht zu ‚fett‘, d.h. die Linienstärken nicht zu breit sein, da sonst die kleinen schwarzen Binnenformen der Buchstaben überstrahlt werden und die Schrift unleserlich wird.

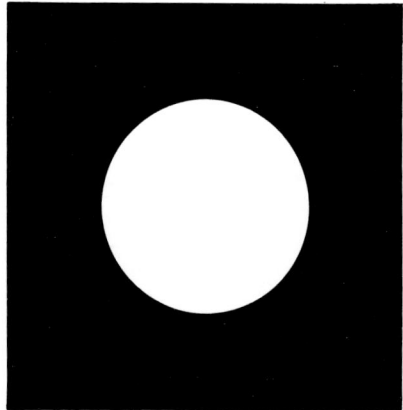

Im Vergleich der beiden Darstellungen erscheint der weiße Kreis auf Schwarz größer als der schwarze auf dem weißen Untergrund.

Die Irradiation ist auch die Ursache dafür, daß die Kante einer dunklen Fläche, hinter der im Raum tatsächlich, in der zweidimensionalen Darstellung aber nur scheinbar, eine punktförmige Lichtquelle liegt, leicht ‚eingebeult‘ erscheint. Die große Helligkeit überstrahlt das Dunkel der Flächenkante.

114

Soweit einige Beispiele für die Tatsache, daß nicht unbedingt nach mathematisch-objektiven Kriterien wahrgenommen wird. Sicher gibt es noch eine ganze Anzahl von Formen solcher Größenüberschätzung oder -unterschätzung und ähnlicher ‚Unkorrektheiten' des Wahrnehmens, doch diese zu entdecken und gestalterisch ‚richtig', also sinn- und wirkungsvoll einzusetzen, soll dem aufmerksamen Leser überlassen bleiben.

2.4.2. Sich überlagernde Strukturen

Eine weitere Differenz zwischen optisch-physikalischen Gegebenheiten und ihren visuellen Erscheinungen besteht darin, daß spitze Winkel, wie sie oft zwischen zwei verschiedenen sich überlagernden Strukturen entstehen, in der visuellen Wahrnehmung vergrößert werden. Die ersten beiden Beispiele zeigen die Hering'sche Täuschung.

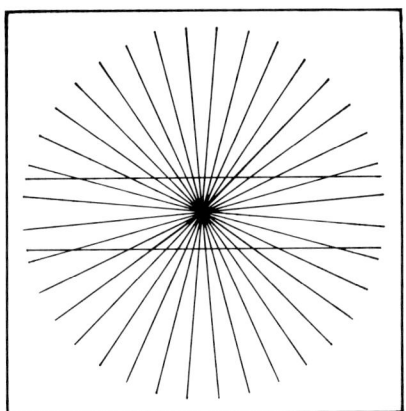 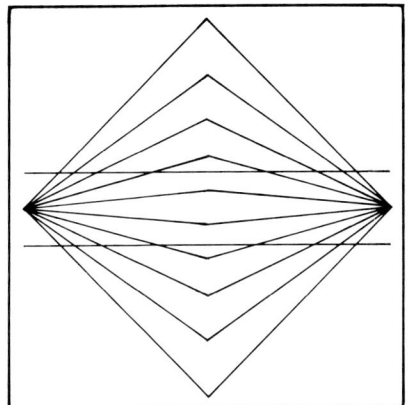

Das selbe Phänomen ist auch die Ursache für die Deformation der Quadrate bzw. Kreise in den folgenden Beispielen.

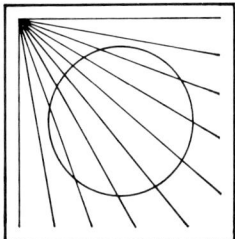 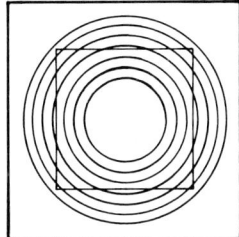 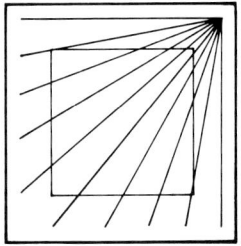

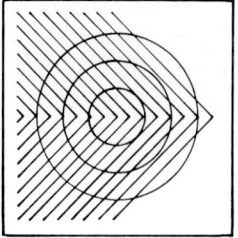 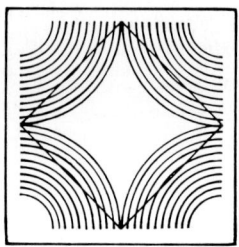 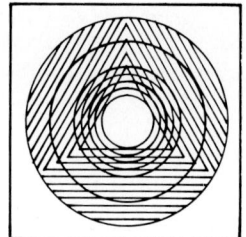

Auch die Zöllnersche Täuschung und die berühmte ‚Fraser'sche Spirale lassen sich so erklären.

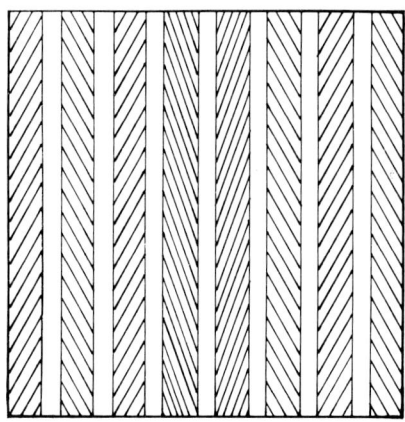 

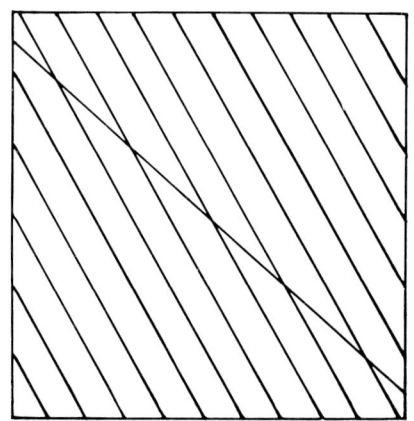 

116

Auch die Poggendorf'sche Täuschung (S. 116 unten) hat ihren Grund in diesem Phänomen. Bei ihr erscheinen die Teile gerader Linien, die durch schmale ‚Figuren' unterbrochen werden, zueinander versetzt. Im zweiten Beispiel treffen sich die beiden Linien auf der Kante des schmalen Streifens, rechts ist die obere Linie die Fortsetzung der ansteigenden Geraden.

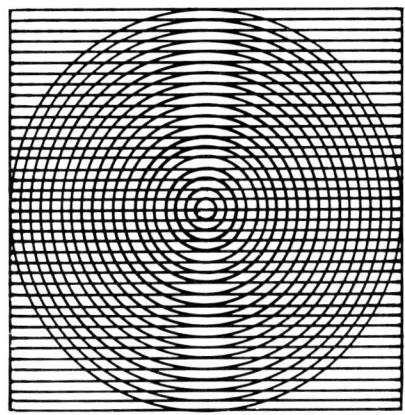 

Das Moiré ist ursprünglich eine negative Erscheinung des Mehrfarben-Raster-Drucks. **Moiré** Es entsteht durch ungenaues Übereinanderdrucken der einzelnen Farbraster, d. h. durch ungenaues Überlagern ähnlicher Strukturen. Die hierdurch zueinander versetzten kleinen Punkte oder Linien schließen sich zu neuen Figuren zusammen, es entsteht ein Konflikt zwischen dem Wissen um die gemeinten Grundstrukturen und den neu entstandenen; das Ganze erhält etwas Schillerndes.

Insbesondere in der Op-Art wird das Prinzip des Moiré als gestalterisches Element eingesetzt. Ausgangspunkt sind meist geometrische Strukturen, die möglichst viele gemeinsame Elemente haben. Je geringer die Unterschiede zwischen den Strukturen und die Verschiebung der beiden zueinander ist, desto größer wird der Effekt des Moiré.

2.4.3. Vibrierende Bilder

Unsere Augen stehen nie völlig still. Das ist notwendig, da die Sehzellen bei zu ausge-
dehnter Reizung ermüden und der Seheindruck dadurch verblaßt. Wir erfahren das, wenn wir
versuchen, ein Bild längere Zeit starr zu fixieren, unter diesen Umständen beginnt das Bild
schnell zu verschwimmen. Durch die Augenbewegungen werden immer wieder unbelastete
Zellen gereizt, während sich die ermüdeten Teile der Retina regenerieren können.

Diese Tatsache gibt dem Gestalter die Möglichkeit, Bilder bewegt erscheinen zu lassen, wie das in der Op-Art angewandt wird.

Bei den relativ feinen Streifenmustern entsteht in der Wahrnehmung ein Wettstreit
zwischen dem momentan auf der Netzhaut bestehenden Bild und den Nachbildern der direkt
vorangegangenen Netzhautbilder, die sich aufgrund der ständigen Augenbewegungen zwar
geringfügig, aber wahrnehmbar an anderer Stelle befinden.

Der dauernde Wechsel von Schwarz – Weiß auf den gleichen Sehzellen vermittelt so
den Eindruck der Bewegung, zum Teil sogar leichte Farbempfindungen; und sowohl der Grad
der Bewegung wie der der Farbeindrücke nimmt an Intensität zu je angestrengter, müder das
Auge ist.

118

2.4.4. Horizontale und vertikale Schraffur

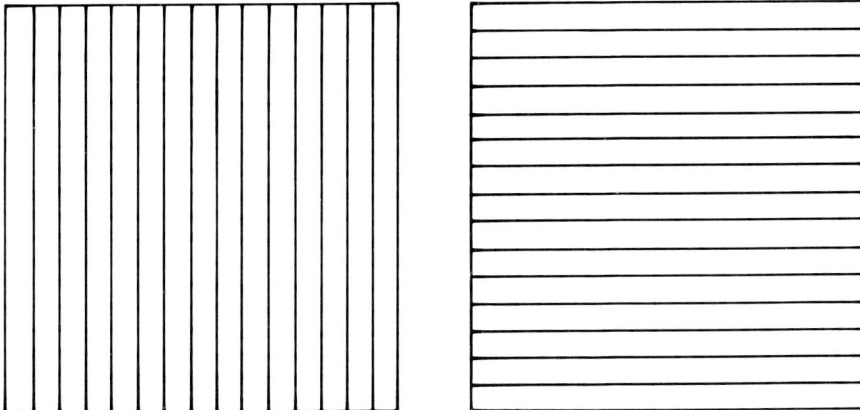

Abgesehen von der Über- bzw. Unterschätzung der Höhe bzw. Breite der Quadrate fällt auf, daß das Quadrat mit der Vertikalschraffur heller als das horizontal schraffierte, über dem eine Art Grauschleier zu liegen scheint, aussieht.

Die Ursache für diese Erscheinung liegt wahrscheinlich zum einen in der Tatsache des stereoskopischen Sehens, zum anderen darin, daß unsere Augen auf einer horizontalen Ebene liegen. So können wir vertikale Streifen (Linien) in ihrer waagrechten Breite exakter bestimmen als horizontale; solche Größen werden von beiden Augen ‚in die Zange‘ genommen, von jedem Auge angepeilt, während vertikale Größen in entsprechender Weise nur durch Augen- bzw. Kopfbewegen überprüft werden können. Dies könnte eventuell auch eine Erklärung für die Überschätzung vertikaler gegenüber horizontaler Größen (S. 113) sein.

Nach den Ausführungen über diese Phänomene sei es noch einmal gestattet, darauf hinzuweisen, daß es hier nicht darum geht, diese Beispiele optischer Täuschungen und ähnlicher Erscheinungen an sich zu kennen. Vielmehr geht es darum, die Eigenart der visuellen Wahrnehmung kennenzulernen, um ihr entsprechend ‚richtig‘ gestalten zu können, um nicht der Versuchung zu erliegen, nach abstrakten, z. B. mathematischen Kriterien zu arbeiten, die visuell anders wirken als kalkuliert und deshalb nicht verstanden werden können.

3. Die Helligkeit

Nun zu dem ersten stofflichen Element, der Helligkeit.

– Wie wir später in dem Kapitel über die Farbe sehen werden, ist es eigentlich nicht statthaft, die Helligkeit, die hier in dem Bereich ‚Schwarz – Grau – Weiß' abgehandelt wird, als eigenständiges Element aufzuführen. Prinzipiell ist das Problem der Helligkeit ein Teilaspekt der Probleme der Farbe. Da jedoch das Arbeiten mit den ‚unbunten Farben' Schwarz – Weiß und ihren verschiedenen Helligkeitsstufen einen besonderen Platz in der gestalterischen Arbeit des Grafik-Designers einnimmt, ist diese Abtrennung der Helligkeit im Schwarz-Weiß-Bereich von der Farbe zu vertreten. –

Bevor wir uns mit spezifischen Problemen der Helligkeit beschäftigen, wollen wir uns in einer kleinen Übung mit der Gestaltung von Helligkeitswerten befassen.

Praktische Übung zum Thema: Helligkeit

Aufgabe **Verdichtungen**

Es sind verschieden helle Flächen mittels
a) Linien unterschiedlicher Breiten,
b) Linien mit unterschiedlichen Zwischenräumen,
c) Grauflächen, ausgemischt aus Pigmentfarben,
   herzustellen.

Zu a) und b) sollen je vier quadratische Flächen durch eine vertikale Schraffur mit den variablen Größen entweder der Linienstärke oder der Linienabstände unterschiedliche Helligkeitswerte erhalten. Zur Bestimmung dieser variablen Größen eignen sich die früher erläuterten mathematischen Proportionsregeln.

Fragen zur Übung: Welche der beiden Reihen eignet sich für die Herstellung von Helligkeitswerten besser? Welche Anmutungen lassen sich bei den Resultaten, außer denen der Helligkeitswerte, feststellen?

Zu c) soll auf einem Quadrat eine Tonwertskala von Weiß nach Schwarz in zehn, möglichst gleichgroßen Graustufen auf gleich breiten, vertikalen Streifen angelegt werden.

Die Größe der Quadrate soll 20:20 cm betragen. Für die Tonwertskala ist zur Erzielung möglichst ‚wolkenloser' Flächen Plakafarbe zu empfehlen.

Da in weiteren Übungen noch Flächen dieser Graustufen gebraucht werden, ist es angebracht, außerdem von jeder Graustufe noch eine zusätzliche Fläche (DIN A 4) herzustellen.

3.1. Der Helligkeitskontrast; der Simultankontrast

Der Grad der Helligkeit einer Fläche etc. ist zunächst einmal abhängig von der Lichtquelle, zum einen von ihrer Intensität und zum anderen von ihrer Entfernung zum Objekt und der Entfernung zwischen dem Objekt und dem Betrachter.

Auch das Material des Objekts kann das Maß der Helligkeit beeinflussen, indem es z. B. transparent, wie Luft, Glas etc., aber auch undurchsichtig sein kann. Je nachdem wird das Licht gefiltert, wobei einzelne Wellen des Lichts absorbiert werden können, oder es wird reflektiert. Diese Faktoren können objektiv, d. h. physikalisch genau festgestellt werden.

Wenn wir uns aber die Funktionsweise der visuellen Wahrnehmung, wie sie in Kapitel II.2.1.4. beschrieben wird, noch einmal verdeutlichen, wird klar, wie geringfügig sich die Lichtintensität z. B. auf die Helligkeitsempfindung auswirkt. Unser Auge ist eben kein optisch-physikalisches Meßinstrument, das die gegebene Lichtmenge unbestechlich mißt, sondern der Mensch orientiert sich an den jeweils vorhandenen Kontrasten, wobei sich das Auge durch die Hell- bzw. Dunkeladaption der gegebenen Situation so gut es geht anpaßt. Nur so läßt sich das Beispiel mit der ,hellen', weil angestrahlten, Kohle und dem ,dunklen' Papier, das trotz allem ,weiß' bleibt, erklären (S. 29). Adaption

Deshalb werden wir uns hier nicht mit den Möglichkeiten der Beeinflussung der Helligkeitswerte durch Veränderung der Lichtintensität oder ähnlichem beschäftigen, sondern damit, inwieweit sich Helligkeitswerte in der Wahrnehmung durch Kontraste beeinflussen lassen.

Bei den sogenannten unbunten Farben, Weiß, Grau und Schwarz, müssen wir zunächst zwischen zwei Kontrasten unterscheiden, dem Simultan- und dem Sukzessivkontrast. Der Sukzessivkontrast beruht auf der Nachbildwirkung; beim Simultankontrast handelt es sich dagegen um Kontrastwirkungen, die bei gleichzeitiger Darbietung zweier oder mehrerer verschieden heller Flächen entstehen. Dieser Kontrast tritt in zwei Formen auf, zum einen als Flächenkontrast und zum anderen als Randkontrast. Sukzessivkontrast
Simultankontrast

3.1.1. Der Flächenkontrast

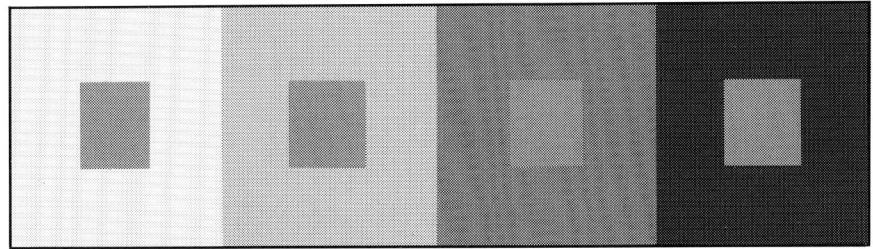

Dieses Beispiel zeigt deutlich, wie gering die Bedeutung der objektiven Helligkeit ist. Alle vier Innenflächen haben das gleiche Grau, doch der Helligkeitseindruck der gesamten

‚kontrasterleidenden' Fläche ändert sich erheblich. Je dunkler das Umfeld ist, desto heller erscheint die innere Fläche.

Weitere Beispiele sollen dokumentieren, wie durch den Einsatz des Flächenkontrasts Helligkeiten intensiviert, Akzente gesetzt und abgeschwächt werden können.

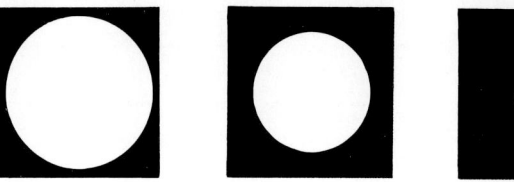

Je größer der Schwarzanteil und je kleiner der Weißanteil der Gesamtfläche ist, desto heller erscheint das Weiß.

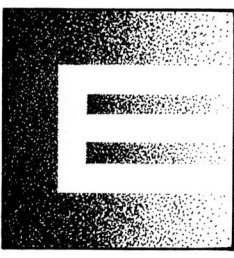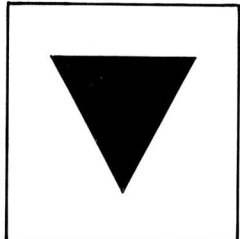

Umgekehrt erscheint das Weiß im ‚E' (rechts) leicht getrübt. Im Vergleich zum rechten Beispiel erscheint das mittlere in seinen Helligkeitswerten intensiver.

Praktische Übung zum Thema: Helligkeit und Kontrast

Aufgabe   Gestaltung unterschiedlicher Rhythmen

Mit Hilfe der zehn Graustufen der vorhergehenden Übung sollen auf vier Quadraten verschiedene Rhythmen dargestellt werden. Als formale Elemente verwenden wir in der Breite nicht festgelegte vertikale Streifen. Die Höhe des Gesamtquadrats (20:20 cm) kann ein- oder zweimal waagerecht unterteilt werden.

Inwieweit behalten die Grauwerte ihre objektive Helligkeit bei bzw. wie stark verändert sie sich und unter welchen Umständen geschieht das?
Welche Anmutungen und Assoziationen stellen sich bei den Resultaten ein?

122

3.1.2. Der Randkontrast

Bei der Betrachtung der Ergebnisse der vorangegangenen Übung ist sicher ein Phänomen aufgefallen, das schon bei der Herstellung der Tonwertskala gesehen werden konnte, der
sogenannte Rilleneffekt an Graustufen. Dieser Effekt resultiert aus der Wirkung des Rand-
kontrastes.

Rilleneffekt

In der Natur können wir diesen Effekt besonders deutlich am Meer beobachten. Hier
wirkt bei klarem, hellem Himmel das Meer in der Nähe des Horizonts dunkler als in der Nähe
des Betrachters, während der Himmel zum Horizont hin heller wird. In unseren Beispielen
erscheinen die Graustufen der Tonwertskala jeweils zur dunkleren Stufe hin heller und zur
helleren dunkler, so daß man glauben könnte, es wäre auf jedem Streifen ein Helligkeitsver-
lauf gemalt und nicht eine Fläche gleicher Helligkeit.

Dieses Phänomen läßt sich relativ leicht aus dem Flächenkontrast erklären, denn der
Randkontrast ist im Prinzip dieselbe Erscheinung.

Unser Auge besitzt, wie wir wissen, eine sehr große Zahl von Sinneszellen, ca.
130 Millionen, hat aber ‚nur‘ ca. 1 Million Nervenbahnen, die die empfangenen Reize zum
Gehirn weiterleiten. Hierdurch wird eine Art Zusammenschaltung mehrerer Rezeptoren auf
eine Nervenbahn notwendig, d.h. die Reize, die auf einer kleinen Fläche der Netzhaut auftref-
fen, werden deshalb zu einer Information zusammengefaßt. Nicht jeder einzelne Reiz wird
also zum Gehirn übermittelt, sondern die Reize einer kleinen Teilfläche; eine gesehene Fläche
wird also praktisch in viele kleine Teilflächen unterteilt. Dies wollen wir in der folgenden Darstellung verdeutlichen, indem wir über die Fläche mit den verschiedenen Graustufen ein
Koordinatennetz legen.

Wenn wir nun berücksichtigen, daß der Helligkeitseindruck wesentlich durch den Flächenkontrast beeinflußt wird, wird klar, daß die Quadrate im Grenzbereich an den Graustufen, beeinflußt durch die helleren bzw. dunkleren Nachbarflächen, andere Helligkeitseindrücke vermitteln als die objektiv gleich hellen, die von entsprechend hellen benachbart sind.

123

Der Randkontrast ist aber selbstverständlich auch an den Beispielen zum Flächenkontrast festzustellen. So erscheinen die Ränder der gleich hellen Quadrate im ersten Beispiel zum Flächenkontrast auf den helleren Flächen um eine Nuance dunkler, auf den dunkleren Flächen entsprechend heller als die gesamte Fläche. Flächen- und Randkontrastwirkung zusammen dürften auch die Erklärung für die Verdunkelungen bzw. Aufhellungen der Schnittpunkte des weißen bzw. schwarzen Gittermusters sein.

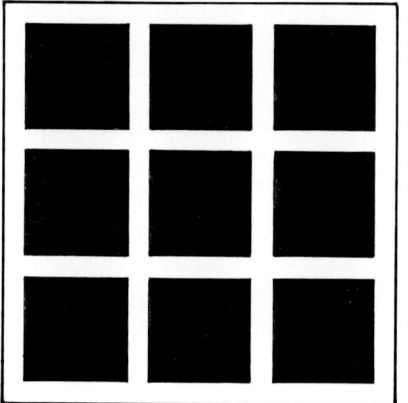 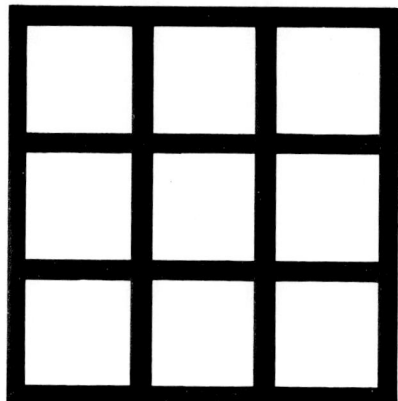

Beide Erscheinungen, der Flächen- wie der Randkontrast, bewirken zwar ‚nur' subjektive Helligkeitseindrücke, die objektiv mit physikalischen Meßinstrumenten nicht feststellbar sind, andererseits sind aber gerade sie es, die dem Gestalter eine große Zahl an Differenzierungsmöglichkeiten bieten, auch bei äußerster Beschränkung der Mittel.

Mach-Streifen   Ein scheinbarer Unterschied zwischen zwei gleichhellen Flächen kann durch einen künstlich angelegten Randkontraststreifen, den sogenannten Machstreifen (benannt nach seinem Entdecker E. Mach), hergestellt werden, wie das folgende Beispiel zeigt. Nur dieser ‚Mach-Streifen' läßt das eine Rechteck heller, das andere dunkler erscheinen.

Komposition in ‚Schwarz'   Aufgabe

Ein weißes und ein schwarzes Quadrat (20:20 cm) sollen mittels mehrerer kleiner schwarzer Quadrate gestaltet werden, wobei zwischen den einzelnen Quadraten Zwischenräume frei bleiben sollten.

Die kleinen Quadrate sollen aus verschiedenen schwarzen - bedruckten, gefärbten u. a. - Materialien ausgeschnitten werden. Die Zahl und Größe der Quadrate sind nicht festgelegt, jedoch sollen auf jeder der beiden Flächen von demselben Material die gleiche Anzahl verwandt werden.

Welche Unterschiede bestehen zwischen den Helligkeitswerten der ‚schwarzen' Flächen auf dem weißen Quadrat bzw. auf dem schwarzen? Welche Unterschiede bestehen zwischen beiden?

Was wir bis jetzt über den Helligkeitskontrast erfahren haben, nämlich die subjektive Vergrößerung des Helligkeitsunterschieds zwischen zwei unterschiedlich hellen Flächen, dient, wie wir im Kapitel III. 2.3.1. gesehen haben, der besseren Unterscheidung zweier Flächen bzw von Figur und Grund. Daraus könnte gefolgert werden, je größer der Kontrast, desto besser die Figur-Grund-Differenzierung, also nur noch große Helligkeitsunterschiede in der Gestaltung verwenden.   Kontrast

Doch die vorangegangene Übung hat uns einen Nebeneffekt großer Hell-Dunkel-Kontraste gezeigt. Je größer der Gesamtkontrast ist, desto geringer wird die Fähigkeit, feine Zwischentöne zu empfinden. Diese Tatsache verweist wieder auf die Relativität unserer visuellen Wahrnehmung; die Sensibilität der Wahrnehmung nimmt zu, je geringer die Kontraste sind. Beide, der große Kontrast und die feine Nuancierung, bieten sich dem Gestalter als Mittel an; er hat zu entscheiden, welche wo notwendig sind und Verwendung finden können.

Wir erfahren auch, daß schwarz nicht gleich schwarz ist. Und wir erfahren, welch große Bedeutung das Material, seine Qualität, seine (Oberflächen-)Struktur hat.   Material

3.2 Helligkeit und Räumlichkeit

Schon in der ersten Übung zum Thema Helligkeit ist bei der Frage nach den Anmutungen wahrscheinlich die räumliche genannt worden. Helligkeit und Räumlichkeit stehen in einem engen Zusammenhang, unterschiedliche Helligkeiten sind auch im täglichen Leben oft genug Indiz für Räumlichkeit. Schatten gibt es nur im Raum, das Dunkle liegt hinten bzw. unten. Aus diesem Grund besteht die Möglichkeit, daß aus konkaven Formen konvexe werden, wenn relativ offene Strukturen in der zweidimensionalen Darstellung zum einen ‚normal‘ und zum anderen um 180° gedreht betrachtet werden (siehe folgende Beispiele). Beide Male wird angenommen, daß das Licht von oben kommt.

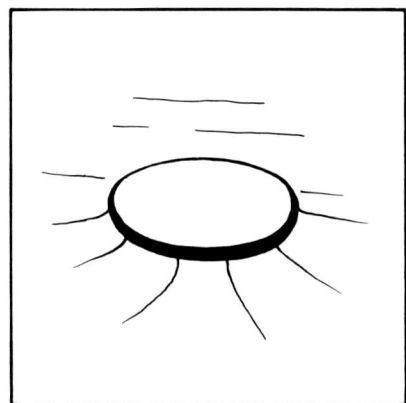

Praktische Übung zum Thema: Helligkeit und Räumlichkeit

Aufgabe   Schichtungen

1. Auf einem Quadrat (20:20 cm) soll mit ähnlichen Formen, d.h. Formen, die nur in ihrer Größe und Lage veränderlich sind, durch eben diese und durch Helligkeitsveränderungen die Schichtung solcher Formen dargestellt werden.
2. Auf einem Quadrat gleicher Größe soll die flächige Darstellung nun in ein räumliches Modell umgesetzt werden.
3. Von Punkt 1 und 2 soll nun jeweils das Negativ hergestellt werden.

Welche Beobachtungen können an diesen Darstellungen gemacht werden?
Wie verhalten sie sich zum Grundriß des Modells?

4. Die Farbe

Wir wollen an dieser Stelle darauf verzichten, genauer auf das Phänomen des Farbsehens und seine physiolgischen Probleme einzugehen. In Teil II. 2.1.4. befindet sich dazu eine kurze Anmerkung, wobei zu beachten ist, daß es bis heute noch keine endgültige, abgesicherte Theorie der Farbwahrnehmung gibt. Im übrigen sei hier auf Werke wie ‚Auge und Gehirn‘ von R. L. Gregory (76 und 64, 67, 113–115, 193) verwiesen, die sich ausführlich mit diesem Problem beschäftigen.

Über die physikalische Seite des Problems ‚Farbe‘ sollen die folgenden Ausführungen Auskunft geben.

4.1. Farbiges Licht

Farbe ohne Licht – das ist undenkbar; doch in welchem Verhältnis stehen Licht und Farbe zueinander?

Das für uns ‚normale‘, weiße Licht ist das Sonnenlicht. Dieses Licht besteht aus elektromagnetischen Wellen unterschiedlicher Wellenlängen. In der Gesamtheit der elektromagnetischen Wellen sind die sichtbaren Wellen des Lichtes nur ein sehr geringer Teil, wie die folgende Grafik zeigt: (77, S. 252)

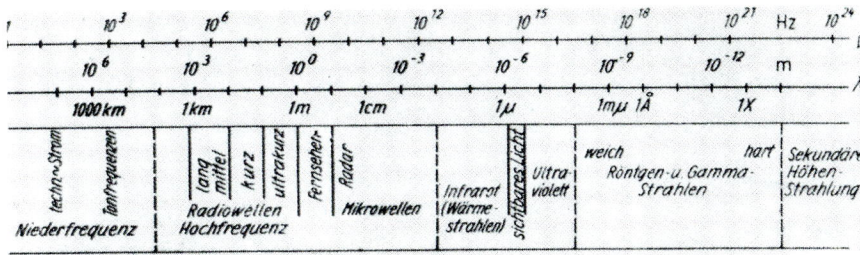

Wird nun dieses weiße Licht durch ein Prisma gebrochen – dabei werden die verschieden langen Wellen durch unterschiedliche Brechung ‚sortiert‘ und entsprechend ihrer Wellenlänge nebeneinander projiziert – erhalten wir auf einer weißen Fläche die Spektralfarben, ein Farbband mit intensiven Farben von Rot bis Violett. Gleichlange Lichtwellen haben also ‚eine‘ Farbe. (Spektralfarbband nach Agfa)

Spektralfarben

127

Dabei können etwa folgende Gleichsetzungen zwischen Wellenlänge und Farben erfolgen: 700 nm entspricht Rot

620 nm	"	Orange
572 nm	"	Gelb
540 nm	"	Grün
480 nm	"	Cyan
400 nm	"	Indigo

(1 nm (sprich: Nanometer) = 1 Millimikron = 0,000 000 1 cm)

Doch diese Aufschlüsselung: Wellenlänge entspricht Farbton (erfaßt im Farbnamen) birgt eine Gefahr in sich. Sie verleitet dazu, die Empfindung, die durch die Reizung der Netzhaut

durch eine Wellenlänge des Lichtes ausgelöst wird, mit dem Farbnamen gleichzusetzen und diese Beziehung zu verabsolutieren.

Das geschieht z. B. in solchen Sätzen wie ,Bienen sind rotblind' oder ,sie sehen statt rot schwarz'. Solche Sätze sind falsch! Sie sind so falsch und unsinnig wie der Satz: ,Menschen sind ultraviolettblind'. Kein Mensch wird auf den Gedanken kommen, einen solchen Satz auszusprechen. Tatsache ist, daß Bienen elektromagnetische Wellen im Bereich von 310 nm bis 650 nm wahrnehmen, was nach unseren Bezeichnungen dem Bereich von Ultraviolett bis Rotorange entspricht. Darüberhinaus unterscheiden die Bienen, allen unseren Benennungen zum Trotz, in dem genannten Bereich nur vier ,Farbtöne': von 310 nm bis 400 nm (Ultraviolett), 400 nm bis 480 nm (Violett und Blau), 480 nm bis 500 nm (Blaugrün), 500 nm bis 650 nm (Grün, Gelb, Orange, Rot). Wie, in welchem Farbton, sie aber diese Farben ,sehen', können wir nicht sagen.

Ähnliche Differenzierungsschwierigkeiten können wir sogar im menschlichen Bereich feststellen. Es gibt einige Stämme in Afrika, die vorwiegend Viehzucht betreiben; wahrscheinlich ist das der Grund dafür, daß sie eine sehr große Anzahl von Braununterscheidungen mit den entsprechenden Namen kennen, um ihre Tiere gut auseinanderhalten zu können, dafür haben sie für die Farbe des Himmels und die der Wiesen, also unser Blau und Grün, nur einen Begriff. Inwieweit sie trotzdem zwischen Blau und Grün unterscheiden, ist schwer feststellbar, aber uns dürften sicher viele Fehler beim Gebrauch ihrer Braunbegriffe und der Unterscheidung zwischen den dazu gehörenden Farben unterlaufen.

Diese kleine Abschweifung sollte zeigen, wie schwierig es ist, im nichtphysikalischen Bereich – hier über die Farben – absolute, unumstößliche Aussagen zu treffen.

Doch zurück zum farbigen Licht. Eine gleichmäßige Mischung all dieser Lichtfarben, also das gemeinsame Auftreten aller Wellenlängen zwischen ca. 400 nm und 750 nm, ergibt das, was wir ,weißes', besser aber farbloses Licht nennen.

Um farbloses Licht zu erhalten, genügt es aber schon, drei möglichst weit auseinanderliegende Farben des Spektrums zu verwenden, wie etwa die Farben Gelb, Rot und Blau, die ungefähr in entsprechend großen Abständen zueinander liegen, wenn man das Farbband des Spektrums zu einem Kreis schließt. Im allgemeinen werden heute die Farben Rot, Grün und Blau/Violett als die Grundfarben benutzt, die bei gleichwertiger Mischung als Lichtfarben ausreichen, um farbloses Licht zu erhalten. Mit diesen drei farbigen Lichtern können aber auch nahezu alle anderen Farbeindrücke – Ausnahmen sind z. B. alle metallischen Farben wie Gold und Silber – ermischt werden.

128

Diese Farbmischung wird ‚additiv‘ genannt, da sich außer den Farben auch ihre Helligkeiten addieren, bis schließlich ‚weiß‘ erreicht ist, die absolute Helligkeit. Die Mischfarben können also nicht dunkler sein als die dunkelste Grundfarbe. Diese Form der Mischung erleben wir bei der Arbeit mit farbigem Licht, dem Farbfernsehen, dem Farbkreisel u. a.

additive Farbmischung

4.2. Körperfarben; Raumfarben

Völlig anders entstehen Farbeindrücke an Körpern. Zunächst scheint die Körperfarbe ausschließlich Bestandteil des Körpers zu sein. Zwar benötigen wir auch hier Licht, um die Farben zu sehen, aber das Licht scheint nur die Funktion des Erhellens zu haben. Dieser Eindruck ist aber falsch. Farbige Körper sind nur in dem Maße farbig, in dem diese Farben schon in dem Licht, in den unterschiedlichen langen, also farbigen Lichtwellen, vorhanden sind. Die Unkenntnis dieser Tatsache hat schon manchem Kleiderkäufer Ärger bereitet, wenn der Stoff im Tageslicht in einer ganz anderen Farbe ‚erglänzte‘ als im Schein der Kaufhaus-Neon-Beleuchtung. Die Erklärung dieser Täuschung ist einfach: Der Eindruck einer Körperfarbe entsteht dann, wenn Licht oder Teile des Lichts von dem Körper reflektiert werden. Fällt z. B. ‚weißes‘ Licht auf ein rotes Tuch, so absorbiert die Struktur dieser ‚Körperfarbe‘ nahezu alle Lichtwellen außer denen, die aufgrund ihrer Länge als Rot bezeichnet werden. Diese roten Lichtwellen werden vom Stoff reflektiert und vom Auge aufgenommen, es entsteht der Eindruck von Rot. Enthält nun ein Lichtstrahl keine oder nur wenige rote Lichtwellen, so wird der Farbeindruck von einem roten Stoff sehr blaß ausfallen. Man denke auch an bestimmte Straßenlaternen, in deren Licht auch der Gesündeste todkrank aussieht.

Absorption und Reflektion von Licht

Die Tatsache, daß der Farbeindruck von Körperfarben durch unterschiedliche Reflektion des Lichts (Selektion von Lichtwellen) entsteht, erklärt aber auch, daß das Material und die Oberflächenbeschaffenheit (Struktur) des „farbigen Körpers" den Farbeindruck beeinflussen. Durch Überziehen einer mattfarbenen Fläche mit Klarlack verändert sich deutlich die „Farbe", ebenso wie der Druck einer Farbe auf Zeitungs- bzw. auf Kunstdruckpapier zwei verschiedene Eindrücke ergibt.

‚Körperfarben‘ sind abhängig von dem Licht, von dem sie angestrahlt werden, dabei nehmen sie diesem Licht einige Teile weg, sie subtrahieren den andersfarbigen Teil der Lichtwellen. Werden alle Lichtwellen von einer Fläche reflektiert, sprechen wir von einer ‚weißen‘ Fläche, wird alles Licht absorbiert, von einer ‚schwarzen‘. Werden Farben dieser Art gemischt (Pigmentfarben) bzw. hintereinander geordnet (Farbfilter), so nennt man dies ‚subtraktive‘ (materielle oder substanzielle) Farbmischung.

subtraktive Farbmischung

Dabei ist zu beachten, daß Pigmentfarben selten so rein sind, daß bei ihrer Mischung ein tiefes Schwarz entsteht, was bei Farbfiltern und übereinander geordneten Volltonflächen (Offset-, Buchdruck etc.) ohne Schwierigkeit möglich ist.

Außerdem sind Pigmentfarben und lösliche Farbstoffe, die als Körperfarbe erscheinen, in ihrer Farbwirkung abhängig von ihrer eigenen Materialstruktur, ihrem Binde- bzw. Lösungsmittel und ihrer Fähigkeit, sich mit anderen „Farben" mischen zu lassen.

Im Gegensatz zur additiven Farbmischung erhalten wir bei der subtraktiven aus den Grundfarben nicht Weiß, sondern Schwarz, alles Licht wird ‚verschluckt‘. Die Mischfarben sind also immer dunkler als die hellste Grundfarbe, sofern sie nicht durch Weiß bzw. durch einen entsprechenden Raster aufgehellt werden.

Mit diesen Farben, die ja eigentlich nur Stoffe sind, die Teile des Lichtes reflektieren und dadurch farbig erscheinen, werden wir uns beschäftigen. Sie sind im Normalfall das Arbeitsmittel des Gestalters.

Raumfarben

Die Raumfarben entstehen ähnlich wie die Körperfarben durch Streuung (Dispersion). Dies ist ein Sonderfall der Reflektion. Z.B. werden während des Tages, solange die Sonnenstrahlen einen relativ kurzen Weg durch die Atmosphäre zurückzulegen haben, hauptsächlich die Blauanteile des Lichtes an den in der Atmosphäre befindlichen Gasmolekülen gestreut, wir sehen einen blauen Himmel; während auf der langen Strecke, den die Strahlen in der Zeit des Sonnenuntergangs zu bewältigen haben, auch die roten Teile des Lichts gestreut werden, und je nach der Beschaffenheit der Luft (Staub, Feuchtigkeit) geht der Blauanteil verloren.

Andererseits ist das Fehlen einer Atmosphäre auf dem Mond der Grund dafür, weshalb dort der Himmel schwarz erscheint. In einem anderen Beispiel wird dies noch deutlicher. Geht durch einen völlig abgedunkelten, schwarzen Raum ein konzentrierter Lichtstrahl, z.B. bei einem Lichtbildvortrag, so ist dieser Lichtstrahl im Raum zunächst kaum zu sehen. Zündet sich aber ein Zuschauer eine Zigarette unter diesem Strahl an, so wird der Rauch der Zigarette trotz der Dunkelheit sichtbar. Die Partikel des Rauchs reflektieren bzw. streuen das Licht. Jetzt kann man den Lichtstrahl im Bereich des Rauchs von seiner Oberkante bis zum unteren Rand genau sehen.

4.3. Eine Farbordnung

Hierbei geht es nun darum, die Farben anhand ihrer verschiedenen Erscheinungsweisen zu ordnen und zu klassifizieren, um sie später bei der Arbeit einzeln und im Verband mit anderen bestimmen und ihr Verhältnis zueinander feststellen zu können, um so den Umgang mit ihnen zu erleichtern.

Doch welche? Geht es um Malfarben in Öl, Acryl, Aquarell, um Druckfarben? Und auf welchem Untergrund, glänzend oder matt? Obwohl so viele Abhängigkeiten bestehen, gibt es eine Reihe von Kriterien, mit denen man Farben beschreiben und ihre Beziehungen zueinander erklären kann. Es gibt viele konkretisierte Farbordnungen (s. 64 S. 21–24), die im Wettstreit miteinander stehen. Doch schon bei der Betrachtung der verschiedenen Farbnamen wird deutlich, welche Schwierigkeit im Vergleich und der Bewertung der Systeme zueinander bestehen. Deshalb soll an dieser Stelle die Farbordnung als ideales, abstraktes System entwickelt werden. Um trotzdem dem Bedürfnis nach Anschaulichkeit Genüge zu tun, wird auf S. 134 ein konkreter Farbkreis gezeigt, der jedoch keinen Anspruch auf Allgemeingültigkeit erhebt.

bunt – unbunt

Eine erste wichtige Unterscheidung im Bereich der Farben ist die in ‚bunte‘ und ‚unbunte‘ Farben. Dabei ist zu beachten, daß der Ausdruck ‚bunt‘ nicht im Gegensatz zu ‚farbig' steht, wie er von Gestaltern oft abwertend für ‚mit vielen Farben, knallig und schlechtge-ordnet' verwendet wird.

Wenn wir Weiß, Grau oder Schwarz sehen, heißt das, daß Lichtstrahlen aller sichtba-ren Wellenlängen oder die dreier Grundfarben die Sinneszellen unserer Netzhaut mit unter-schiedlicher Intensität reizen. Grundlage des Weißsehens ist also das Zusammenwirken dieser ‚farbigen' Lichtwellen. Dabei ist es sogar möglich, daß diese Weiß-, Grau- oder Schwarzein-drücke völlig neutral, d.h. ohne Farbstich, vorkommen. Sie haben also ihr Dasein den Farben, dem farbigen Licht zu verdanken, ohne selbst ‚farbig' zu sein. So entstand für sie die Bezeich-nung ‚unbunte' Farben. Unbunte Pigmentfarben reflektieren alles sie treffende Licht, aller-dings in unterschiedlicher Stärke, von Weiß über Grau zu Schwarz.

Die bunten Farben dagegen reflektieren nur noch einen Teil der Lichtwellen, durch die dann ein spezieller Farbeindruck entsteht, also unser ‚Blau', ‚Rot' oder ‚Grün' usw.

Die Reihe der unbunten Farben wird für unsere Farbordnung die erste Koordinaten- **Helligkeit** achse sein. An ihr werden wir die Helligkeit der verschiedenen Farben messen.

Das zweite Maß zur Bestimmung der Farben ist der Grad der Sättigung. Alle bunten **Sättigung** Farben können entweder mit Weiß aufgehellt, mit Schwarz abgedunkelt oder mit Grau getrübt sein. Sind sie weder das eine noch das andere, so ist der Abstand zwischen ihnen und der unbunten Achse optimal groß. Der Grad der Sättigung wird an dem Abstand der jeweiligen Farbe zum gleichhellen Grau gemessen. Gesättigt nennt man eine Farbe dann, wenn ihr Bunt-heitscharakter am größten ist, wenn in der Farbe keine Anteile von Weiß, Grau oder Schwarz sind.

Ausgehend von drei Grundfarben, z.B. Gelb, Rot und Blau, können wir im Bereich der Pigmentfarben nahezu alle möglichen Farbtöne ermischen. Dabei zeigt sich, daß wir eine Reihe von Farbtönen erhalten, die sich gleichmäßig aneinanderreihen. Im Gegensatz zum Farbband des Sonnenspektrums erhalten wir aber zusätzlich purpurfarbene Töne, die zwi-schen Violett und Rot liegen. Es ergibt sich also ein geschlossenes Farbband, ein Farbkreis, in **Farbkreis** dem es keinen eigentlichen Anfang und kein Ende gibt. Dies ist der Grund dafür, weshalb wir die gesättigten Farben auf einem Kreis ordnen wollen. ‚Den' Farbkreis, der allen Anforderun-gen völlig gerecht wird, gibt es allerdings nicht. Bei einem ermischten Farbkreis macht es sich auch sehr bemerkbar, welche Grundfarben gewählt werden. So ist z.B. der Farbkreis von W.Ostwald leicht blaustichig im Vergleich zu dem von J.Itten.

Man kann einen Farbkreis jedoch auch mit Hilfe eines Farbmusterbuches (z.B. F 243 HKS von K + E) aufbauen und im druckgrafischen Bereich gelten als „Grundfarben" die Farben

Gelb

Cyan(blau)

Magenta.

Sie wollen wir in gleichen Abständen auf dem Kreis anordnen. Durch Mischen bzw. Übereinanderdrucken von je zwei dieser Ausgangsfarben entstehen:

Gelb   + Magenta = Hochrot (Orangerot)

Magenta   + Cyan   = (Blau-)Violett

Cyan   + Gelb   = Grün

131

Diese drei Farben bilden ein „Gegendreieck" zu den ersten. Durch weiteres Mischen benachbarter Farben erhalten wir dann die Farben:

Orange
Karmin
Rotviolett
Ultramarinblau
Blaugrün
Gelbgrün,

wobei sich folgende Farbpaare im Kreis gegenüberstehen:

Gelb	: (Blau-)Violett
Orange	: Ultramarinblau
Hochrot	: Cyan
Karmin	: Blaugrün
Magenta/Purpur	: Grün
Rotviolett	: Gelbgrün

Nun ist allerdings bei jeder Konkretion eines Farbkreises zu beachten, daß z.B. Ultramarinblau mit den drei „Grundfarben" nicht zu drucken ist, bzw. aus Purpur und Gelb als Malfarben nur schwer ein „reines" Hochrot gemischt werden kann. Ebenso zeigt sich hierbei sofort wieder das Problem der Farbnamen. Was Goethe als „Rotblau" bezeichnet, nennt Küppers „Violettblau" und Hölzel „Blauviolett" und als Malfarbe entspricht sie „Ultramarin Violett" (150, S. 28).

Dieser zwölfteilige Farbkreis kann selbstverständlich nach Belieben erweitert werden, doch für die anstehenden theoretischen Erörterungen ist er durchaus ausreichend. Er gibt so zur Genüge Auskunft über die Art, wie und wo alle vollgesättigten Farben ihren ‚Platz' auf diesem Ordnungskreis haben. Jede Richtung, ausgehend vom Mittelpunkt des Kreises, zeigt einen bestimmten Farbton an. Diese Richtung ist die dritte Bestimmungsgröße jeder Farbe.

Farbton Damit haben wir die drei Dimensionen, die für jede Farbe charakteristisch sind:
– Helligkeit, Sättigung, Farbton –

Farbkegel Zu einer Gesamtdarstellung dieser Beziehungen eignet sich in besonderer Weise die Form eines Doppelkegels. Die senkrechte Achse des Kegels wird die Skala für die Helligkeitswerte, der horizontale Abstand zwischen einer Farbe und der Unbuntachse zeigt den Grad der Sättigung an und die Richtung von der Unbuntachse zur Farbe den Farbton.

Da nun aber die gesättigten Farben nicht alle denselben Helligkeitswert haben, muß die Grundfläche des Doppelkegels, auf dem sich der Farbkreis der vollgesättigten Farben befindet, schräg zur Unbuntachse geneigt sein. D.h. das Gelb des Farbkreises liegt deutlich über der Mitte der Achse und dementsprechend das Violett darunter. Rot und Grün liegen dagegen in der Höhe des mittleren Grau, der Mitte der Achse. Hierbei wird auch klar, daß das Maß der Sättigung kein absoluter, gleichbleibender Wert auf der horizontalen Skala des Kegels ist. Zwischen dem gesättigten Gelb und dem gleichhellen Grau sind weniger gleich große Stufen zu unterscheiden wie z.B. zwischen dem gesättigten Grün und der Unbuntachse; auch diese Beziehung wird in dem oben beschriebenen Doppelkegel deutlich, der Abstand zwischen Gelb und der Achse ist kleiner als der zwischen Grün und ihr.

In der Farbkugel, wie sie z. B. von Ph. O. Runge oder auch J. Itten entworfen wurde, können diese drei Bestimmungen nicht gleichzeitig berücksichtigt werden. Wird dort unter der Voraussetzung: ‚Nordpol entspricht Weiß, Südpol entspricht Schwarz' der Farbkreis als Äquator verstanden, entstehen Unstimmigkeiten in der Hell-Dunkelbestimmung; wird der Farbkreis, entsprechend dem Doppelkegel, schräg zur Achse geneigt so entsteht eine fehlerhafte Aussage in Bezug auf die Sättigung der Farben, gesättigt wäre dann ein verdunkeltes Gelb bzw. ein aufgehelltes Blau.

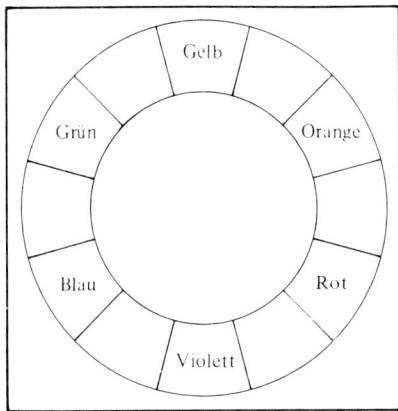
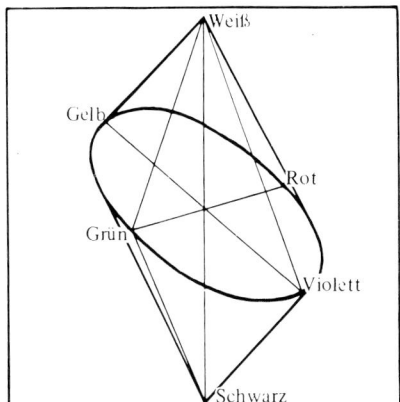

Dieser Farbkegel zeigt uns die vier Grundkategorien, in denen die Farben auftreten können:

1. die gesättigten (Voll-)Farben;
2. die hellklaren Farben, auf dem Kegelmantel oberhalb des Farbkreises und die dunkelklaren Farben unterhalb des Farbkreises;
3. die getrübten Farben, die sich im Innern des Kegels befinden, als Ausmischung aus Farbton und gleichhellem Grauwert;
4. die unbunten Farben, die auf der Achse liegen.

Dieses Ordnungsschema erhebt keinen Anspruch auf umfassende Berücksichtigung ‚aller' Aspekte der Farben. Es soll nur als ‚ideales', d. h. gedachtes Ordnungsprinzip mit ‚idealen' Farben verstanden werden, das über einige Beziehungen, die zwischen den verschiedenen Farben bestehen, Auskunft gibt.

Für das grafische Gewerbe, also für alle Betriebe, die sich mit der Herstellung und Verarbeitung von Drucksachen, Klischees und Reproduktionen beschäftigen, wurde vom Deutschen Normenausschuß (DNA) eine Farbskala genormt:

Das Normblatt DIN 16 508 und 16 538 für Buchdruck

Das Normblatt DIN 16 509 und 16 539 für Offestdruck

Daraus abgeleitet ist die K + E Offset-Farbwertmeßtafel F 239 Europaskala, die Grundlage der umseitigen Abbildungen.

Farbwertmeßtafel für die Offsetreproduktion
Europa-Skala (DIN 16539)

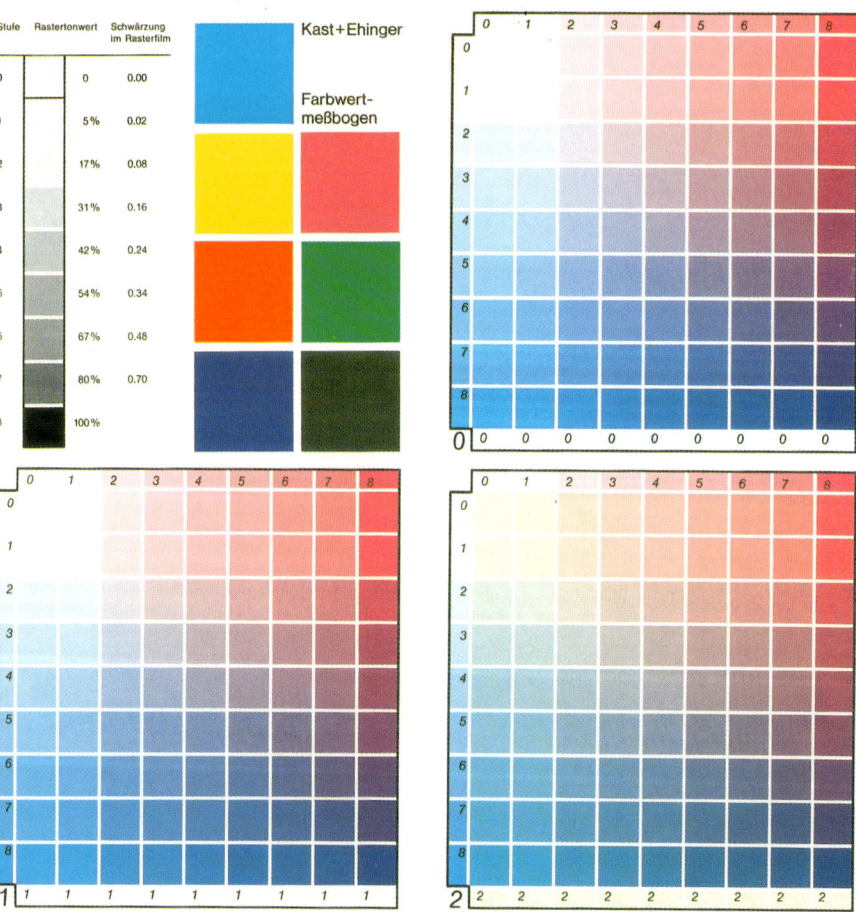

Stufe	Rastertonwert	Schwärzung im Rasterfilm
0	0	0.00
1	5%	0.02
2	17%	0.08
3	31%	0.16
4	42%	0.24
5	54%	0.34
6	67%	0.48
7	80%	0.70
8	100%	

Kast+Ehinger

Farbwert-
meßbogen

Aufgabe   Entwurf von farbigen Signalen

– Unter Signalen verstehen wir (informationstheoretisch) die physikalischen Ereignisse, die materiellen Gegebenheiten von Zeichen, d.h. die Bedeutung der Zeichen ist hierbei ohne Belang. Wesentlich für die Signale ist, daß sie sich gut von ihrer Umgebung abheben, daß sie also leicht wahrgenommen werden können. –

Mittels zweier Formen, deren Wahl frei steht, sollen deutliche, Aufmerksamkeit erregende, eindrückliche Signale auf einer Grundfläche mit den Maßen 10:10 cm entworfen werden. Beispielhaft für Signale sind manche Nationalflaggen, unter denen besonders die japanische hervorsticht mit dem roten Kreis (Sonne) auf dem weißen Feld.

Warum wurden die jeweiligen Farben und Formen gewählt? (Begründung)

Welches Verhältnis besteht zwischen den ausgewählten Farben in Bezug auf den Farbkegel?

Welche gefühlsmäßige Bedeutung wird den Signalen zugeschrieben, und weshalb könnte das so sein?

137

4.4. Die Farbempfindung; Farbpsychologie

Farbcharakter

Nachdem wir nun die physikalischen Grundlagen und auch Ordnungskriterien für die Farben kennengelernt haben, wollen wir jetzt näher auf die einzelnen Farben, ihren Charakter usw. eingehen.

„Wenn wir mit ‚den' Farben gestalten wollen, müssen wir jede einzelne kennen, damit wir sie ihren ‚Anlagen und Fähigkeiten' gemäß richtig einsetzen können ... man kann Farben eben nicht wie Nummern behandeln, sondern muß sie als Individualitäten sehen, mit eigener Geschichte, eigenem Schicksal und infolgedessen auch mit eigenen Aufgaben." (60, S.75) Doch diese Aufgabe ist äußerst schwierig, wie wir gleich sehen werden.

Die geschichtliche Seite der Farben dürfte zunächst die geringsten Schwierigkeiten bereiten, weshalb wir uns zuerst hiermit beschäftigen wollen.

historische Bedingungen

Purpur wird eine ‚königliche' Farbe genannt, vornehm und aristokratisch, und zwar schon seit 3000 Jahren. Doch weshalb? Ein kleiner geschichtlicher Rückblick soll dies verdeutlichen.

Im 15. Jahrhundert v. Chr. wurde von den Phöniziern das Verfahren entdeckt, aus dem Schleim der Purpurschnecke einen Farbstoff herzustellen und Stoffe damit zu färben. Doch die Herstellung dieses Farbstoffes war sehr aufwendig, so mußten angeblich 12 000 Schnecken getötet werden, um eineinhalb Gramm Purpur zu gewinnen. Der Farbstoff war also ausgesprochen teuer. Hinzu kam noch, daß die Phönizier, die als gute Kaufleute bekannt sind, zunächst die einzigen waren, die diesen Farbstoff herstellen konnten, also auch die Preise diktieren konnten. Demzufolge konnten sich Purpurgewänder nur die Reichen, und das heißt eben auch die Mächtigen, die Könige, kaufen. Umgekehrt hieß das, wer Purpur trug war reich, mächtig, von königlichem Geblüt. So wurde Purpur das Zeichen für die königliche Würde, die Farbe erhielt Symbolcharakter.

Symbolcharakter

Nachdem Purpur und andere Symbolfarben im Mittelalter leichter und in größeren Mengen hergestellt werden konnten, sorgten Kleidervorschriften dafür, daß diese ‚ausgezeichneten' Farben weiterhin nur von hochgestellten Persönlichkeiten getragen werden durften. Der Wert dieser Farbe wurde also künstlich hochgehalten.

Aus diesem historischen Abriß wird deutlich, daß die Anmutung der Farben und deren Gebrauch wesentlich von ökonomischen und sozialen Verhältnissen abhängig ist und sich somit durch Veränderung dieser Verhältnisse auch ändern kann. Wenn man dies berücksichtigt, so kann man die These, daß Eigenschaften der Farbe in ihrer Natur selbst liegen, (wie dies Frieling versucht) nicht aufrecht erhalten. Inwieweit dann dieser Farbcharakter, der aus der Tradition stammt, unter veränderten gesellschaftlichen Bedingungen noch Bestand hat, ist mehr als fraglich.

Farbcharaktere, die sich auf diese Weise geschichtlich entwickelt haben und teilweise symbolische Bedeutung von Farben geworden sind, sagen also eigentlich nichts über die ‚Farbe' aus, sondern nur etwas über ihren Gebrauch in der Vergangenheit und der Gegenwart, nicht aber über die Empfindungen, die sie auslösen werden, wenn sie in der Zukunft unter anderen Voraussetzungen eingesetzt werden.

Eine andere Form, etwas über die Einwirkungen der Farbe auf den Menschen zu erfahren, ist die ‚einfarbige' Bestrahlung mit farbigem Licht. Hierbei zeigt sich, daß eine

Bestrahlung mit ‚monochromatischem' Rotlicht, d.h. mit einem Licht, das nur einen sehr beschränkten aber optimalen Anteil von Spektralenergie enthält, körperliche Erscheinungen wie Herzklopfen, steigenden Blutdruck, Engegefühl im Hals etc. hervorruft. Hieraus kann man folgern: ‚Rot wirkt anregend bzw. erregend'. Doch auch dieser Schluß ist nicht unbedingt richtig, denn die Versuchsanordnung läßt ja nur einen sehr intensiven Teil farbigen Lichts gleicher Wellenlänge zur Geltung kommen, während das Licht, das von einer roten Fläche reflektiert wird, nie so stark auf eine Wellenlänge begrenzt ist. Zum anderen ist eine solche psychische Wirkung auch abhängig von der Größe der farbigen Fläche. monochromatisches Licht

Inwieweit eine tatsächliche Identität zwischen der Farbe und dem ihr zugeschriebenen Farbcharakter besteht - festgestellt an den Auswirkungen auf die Psyche des Betrachters -, wird schwer festzustellen sein. So wurde immer wieder versucht, in Räumen durch eine bestimmte Farbgebung, z.B. ein ‚ideales' Arbeitsklima zu schaffen. Unter anderem wurde hierbei auch die Ansicht vertreten, daß blaue Räume - da Blau eine ‚beruhigende' Farbe ist - die Genesung von kranken Menschen beschleunige. Doch wer einmal über mehrere Tage hinweg in einem solchen Zimmer gelegen hat, preist den Tag, an dem er es, gesund oder krank, verlassen konnte, selbst wenn er auch sonst den Blick in den blauen Himmel, das Blau an sich liebt, denn das Blau des Himmels und die entsprechende, himmelblaue Tapete sind nie identisch. Farbklima

Wir sehen also, daß eine wirkliche Bestimmung der Farbcharaktere - wie sie von vielen Farbtheoretikern, u.a. und in vorderster Linie J.W.Goethe mit seiner Abhandlung über die sinnlich-sittliche Wirkung der Farbe, angestrebt wird - äußerst schwer ist, ja sogar unmöglich erscheint, wenn man bedenkt, daß zum einen viele zeitgebundene Charakteristika dabei verwendet werden, zum anderen aber, und dieser Aspekt wird letztlich ausschlaggebend sein, Farben in den seltensten Fällen für sich allein und isoliert stehen. Hat aber z.B. ein ‚roter' Farbton in einer weißen, einer grünen oder blauen Umgebung immer denselben Farbcharakter? Farbpsychologie

Wie wir im folgenden Kapitel sehen werden, ist das nicht der Fall. Aus diesem Grund hält der Autor auch Versuche, auf der Basis solch experimentell festgestellter und bestimmter Farbwirkungen mit Farbe zu gestalten, für höchst fragwürdig. Auch die Farbe ist, wie so vieles in der menschlichen Wahrnehmung, nichts Absolutes, Feststehendes, das durch inhaltliche Definition einmal festgelegt und nach Rezepten ‚narrensicher' zu den jeweils gewünschten Ergebnissen zusammengemischt werden kann.

Diese Variabilität des Farbeindrucks zeigt sich aber nicht erst bei der Zusammenstellung mehrerer Farben, sondern auch schon bei gewissen Veränderungen in der Zusammensetzung des Lichts, das die Farbe beleuchtet. Einem Autobesitzer erscheint sein blaues Auto nicht nur im Tageslicht, sondern auch im roten Licht des Sonnenuntergangs und unter der ‚weißen' Straßenlaterne immer blau, obwohl das reflektierte Licht seine Zusammensetzung von Mal zu Mal sehr stark ändert. Farbkonstanz

Dieses Phänomen der ‚Farbkonstanz' entspricht dem der Größen- und Formkonstanz, das wir in Kapitel III. 2.1.4.1. beschrieben haben. Diese Farbkonstanz setzt aber auch, wie die beiden anderen Konstanzerscheinungen, gewisse Erfahrungen voraus.

„Wird beispielsweise ein Farbdiapositiv, das ein Mädchen in einem blauen Kleid zeigt, auf eine gelbe Leinwand geworfen, erscheint einem normalsichtigen Betrachter das Kleid grau. Dieser Vorgang entspricht den bekannten Gesetzen von Lichtmischung und Komplementärfarben; da es sich bei Gelb und Blau um Komplementärfarben handelt, neutralisieren sie sich gegenseitig, so daß gar keine Farbe entsteht. Wenn man aber diese Bild zuerst auf einer weißen Leinwand zeigt, so daß der Betrachter die ‚wahre' Farbe des Kleides sehen kann, wird er es auch weiterhin als blau wahrnehmen, auch wenn das Dia auf die gelbe Leinwand projiziert wird." (136, S. 114)

4.5. Die Beziehungen zwischen Farben; Farbkontraste

Wenn wir hier von Farben sprechen, meinen wir selbstverständlich nur die Farben, wie wir sie wahrnehmen, also ihren psychologischen Aspekt, nicht die nach physikalischen Größen meßbare Farbe.

Relativität

1857 schrieb J. Ruskin in seinem Buch ‚Elements of Drawing': „Während Form absolut ist, so daß man sofort, wenn man eine Linie gezogen hat, weiß, ob sie richtig oder falsch ist, ist Farbe ganz und gar relativ. Jeder Ton in deinem Bild wird durch jeden Pinselstrich, den du, auch an ganz anderer Stelle, hinzufügst, abgeändert, so daß, was vor einer Minute warm war, kalt wird, wenn du an einer anderen Stelle eine wärmere Farbe aufgetragen hast, und was miteinander harmoniert, als du es maltest, wird zur Dissonanz, sobald du andere Farben daneben setztest; so daß jeder Pinselstrich nicht im Hinblick auf den augenblicklichen Effekt, sondern auf seinen zukünftigen Effekt hin beurteilt werden muß und man im vorhinein bedenken muß, wie das, was später dazukommt, darauf einwirken wird." (zitiert nach 75, S. 345/46). Dieser Satz wird sich in den folgenden Erläuterungen über die verschiedenen Beziehungen, die zwischen Farben bestehen können, immer wieder bewahrheiten.

4.5.1. Simultankontrast

Betrachten wir z. B. eine rote Fläche, die im einen Fall von einer orangefarbenen Fläche, im anderen von einer violetten Fläche umgeben ist (siehe die nebenstehende Tafel). Der erste Eindruck, den man wahrnimmt, ist der, daß das Rot im orangefarbenen Feld für dunkler gehalten wird als im violetten. Diese Erscheinung erinnert an das Kapitel III. 3.1., in dem der Helligkeits- bzw. Simultankontrast im Bereich der unbunten Farben erläutert wurde. Doch im vorliegenden Farbvergleich müssen wir feststellen, daß sich nicht so sehr der Helligkeitseindruck des Rot geändert hat, sondern in erster Linie der Eindruck des Farbtons. Der Kontrast, der eine solche Farbtonverschiebung bewirkt, d. h. der Unterschied und damit auch die Beziehung zwischen den Farben, wird Simultankontrast genannt.

140

Welche Beziehung besteht nun zwischen den hier gewählten Farben und den Farbtonverschiebungen? Um das zu erklären, wollen wir uns die Lage der drei Ausgangsfarben und der zwei beeinflußten Farben auf dem Farbkreis in Erinnerung rufen. Bei der ersten Farbpaarung ist die große Fläche des Orange die dominierende Farbe. Diese versucht nun in der Konfrontation mit dem Rot dieses in dem System des Farbkreises von sich wegzuschieben, also in Richtung Violett. Im Verband mit dem dominierenden Violett erscheint das Rot dagegen in die andere Richtung abgedrängt. Der Simultankontrast vergrößert den Abstand der Farbtöne zueinander.

Auch unbunte Farben können durch den Simultankontrast beeinflußt werden. Wird z.B. eine neutral graue Fläche durch ein grünes Umfeld beeinflußt, so erscheint das Grau rötlich, bei Rot grünlich, bei Blau gelblich usw. Die Wirkung des Simultankontrastes verschwindet erst, wenn die eine Farbe des Farbpaars die ,Nachbildfarbe' der anderen ist, das ist die Farbe, die auf dem Farbkreis der anderen genau gegenüber liegt. Diese Farbe nennen wir ,Komplementär- oder Ergänzungsfarbe', da sich die beiden Farben sowohl in der additiven als auch in der subtraktiven Farbmischung zu einer unbunten Farbe ergänzen. Die unbunte Farbe wird also im Simultankontrast auf dem Farbkreis in Richtung auf die Komplementärfarbe verschoben, ebenso wie die beeinflußte Farbe des Farbkreises.

Die Komplementärfarbe ist also die ,ideale' Farbe, die der bisher dominierenden Farbe Einhalt gebietet, selbständig neben ihr bestehen kann. In jeder anderen Farbkonstellation wird der Simultankontrast irgendwie an der Farbwirkung beteiligt sein. Je größer die Kraft der dominierenden Farbe im Vergleich zur ,kontrasterleidenden' Farbe ist, desto größer ist auch die ,augenscheinliche' Farbtonveränderung. Besonders wirksam ist der Simultankontrast bei Farbpaaren, die nicht weiter als ein Drittel (120°) auf dem Farbkreis auseinander liegen.

Der Simultankontrast gibt uns auch eine Erklärung dafür, daß wir in unserer Umwelt, abgesehen von der Natur abstrahierenden, unbunten Darstellungen, keine wirklich neutralen, unbunten Farben sehen. Auch schwarze oder graue Flächen erscheinen immer leicht farbig. Darauf ist z.B. bei Darstellungen nach der Natur zu achten, da reine, unbunte Farben sehr leicht steril und unwirklich wirken.

4.5.2. Optisch-partitive Farbmischung

Eine wichtige Ausnahme im Bereich des Simultankontrasts ist noch zu erwähnen, der sogenannte ,Bezold-Effekt'. W.v. Bezold stellte nämlich (um 1870) fest, daß die Wirkung des Simultankontrastes aufgehoben, ja sogar in ihr Gegenteil verkehrt wird, wenn die verschiedenfarbigen Flächen eine relativ geringe Größe nicht überschreiten. Der Bezold-Effekt ist ein Sonderfall der additiven Farbmischung, d.h. jede der beiden Farben übernimmt Farbanteile der anderen, sie rücken in der schematischen Darstellung des Farbkreises in Richtung auf ihre gemeinsame Mischfarbe, bleiben jedoch als farbige Fläche deutlich voneinander getrennt.

Bezold-Effekt

 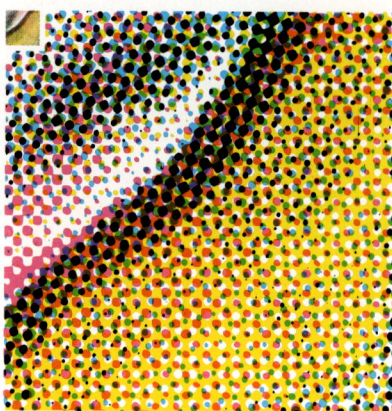

autotypische Farbmischung

Ähnliches geschieht in der ‚autotypischen' Farbmischung, d.h. dem mehrfarbigen Rasterdruck. Die Mischfarben entstehen hier nicht, wie zunächst vermutet werden könnte, ausschließlich durch Übereinanderdrucken der Farb-Rasterpunkte in den drei Grundfarben, sondern auch im Nebeneinanderdruck dieser Punkte. Im autotypischen Farbdruck liegt also einerseits subtraktive Farbmischung vor, wo die Farbpunkte übereinander liegen, andererseits aber auch additive Farbmischung, wo die Farbpunkte nebeneinander liegen, aber aufgrund ihrer geringen Größe nicht mehr als einzelne Farbflächen identifiziert werden können. Dabei addieren sich zwar die Farbwerte, aber im Unterschied zur Mischung von Farblichtern ergibt sich nur die mittlere Helligkeit zwischen den Farbwerten. Deshalb wird diese Mischung auch optisch-partitive Farbmischung genannt. (Sie spielt eine große Rolle bei den Arbeiten der Pointillisten wie Seurat, Signac, in der Op Art und dem Mosaik.)

4.5.3. Sukzessivkontrast

An dieser Stelle sei noch kurz auf den Sukzessivkontrast hingewiesen, der nichts anderes ist als eine Nachbildwirkung in der meist komplementären Farbe. Wird eine farbige Fläche längere Zeit intensiv fixiert, entsteht im Nachbild, auf einer unbunten Fläche, die ihr zugehörende Komplementärfarbe. Da es allerdings ziemlich großer Anstrengung bedarf, das Auge so starr auf eine Farbe einzustellen und dies eben aus diesem Grund im alltäglichen Umgang mit Farbe kaum vorkommt, können wir uns weitere Ausführungen zu diesem Komplex ersparen.

4.5.4. Komplementärkontrast

Von ‚Komplementärkontrast‘ sprechen wir, wenn zwei, sich auf dem Farbkreis gegen-
überliegende Farben wie z. B. Rot und Grün, Orange und Blau, Gelb und Violett etc. nebeneinanderstehen. Diese Farbpaarungen scheinen außerordentlich stabil zu sein, die Farben steigern sich gegenseitig zu höchster Farbigkeit und lassen die Partnerfarbe in optimaler Form
und in ihrem tatsächlichen Farbcharakter zur Wirkung kommen.

Allerdings fällt bei den oben angeführten Farbpaaren auf, daß die Farbwirkung bei
den verschiedenen Farbpaaren nicht die gleiche Intensität erreicht. So erscheint z. B. das Paar
Rot-Grün viel intensiver als Gelb-Violett. Hier kommt ein neuer Unterschied zwischen Farben
ins Spiel, die Helligkeit.

 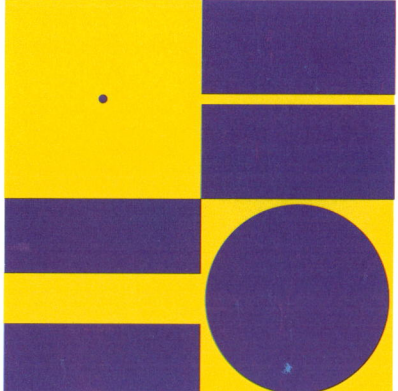

4.5.5. Helligkeitskontrast

Auch der Helligkeitskontrast, wie wir ihn im Bereich der unbunten Farben schon in
Kapitel III. 3.1. beschrieben haben, spielt bei der Gestaltung mit Farben eine große Rolle, da
ja selbst auf dem Farbkreis der gesättigten Farben der Grad der Helligkeit nicht unbeträcht-
lich variiert, vom Gelb, dem hellsten Wert, bis zum Violett, dem dunkelsten Wert. Je größer
der Helligkeitskontrast bei Farben ist, desto mehr verliert die beeinflußte Farbe an Farbigkeit
zugunsten ihres Helligkeitswertes. So erscheint ein schmaler violetter Streifen auf einer großen
gelben Fläche nur noch dunkel, umgekehrt ein gelber Fleck auf violettem Grund nur noch
hell. Sollen die verschiedenen Farben trotz unterschiedlicher Helligkeit zur Geltung kommen,
kann das nur durch den Quantitätskontrast geschehen.

4.5.6. Quantitätskontrast

Der Quantitätskontrast (auch Mengenkontrast genannt) bezieht sich auf die Unterschiede, die zwischen den Flächenausmaßen verschiedener Farbflächen bestehen. Wie wir beim Helligkeitskontrast gesehen haben, kommen den Farben auch unterschiedliche ‚Gewichte' oder ‚Kräfte' zu. So kann das helle Gelb, auch bei gleicher Ausdehnung, das Violett zu einem ‚Dunkel' abschwächen, ‚erdrücken', Gelb hat mehr Strahlkraft. Sollen diese Gewichte (nach Goethe) zwischen den Farben ausgeglichen werden, so haben wir die Möglichkeit, den ‚schwachen' Farben durch größere Ausmaße mehr Gewicht zu geben. Goethe hat als erster versucht, diese unterschiedlichen Gewichte zu bestimmen und daraus Maßzahlen für einen Größenausgleich zwischen den Farben abgeleitet. Diese Zahlen dürften zwar in den seltensten Fällen Anwendung finden, da sich Farbflächen, insbesondere wenn sie unregelmäßige Formen haben, schwer berechnen lassen, doch seien sie hier zur Verdeutlichung dieser ‚Gewichtsunterschiede' genannt: Gelb : Orange : Rot : Grün : Blau : Violett = 9 : 8 : 6 : 6 : 4 : 3. D.h. Gelb hat dreimal soviel Gewicht wie Violett, dementsprechend benötigt Violett dreimal soviel Fläche, um neben dem Gelb entsprechend zur Geltung zu kommen. Blau braucht danach die doppelte Fläche wie das Orange, während Rot und Grün bei gleich großen Flächen gleichwertig erscheinen.

Gewicht
Kraft

4.5.7. Intensitätskontrast

Der Intensitätskontrast (auch Qualitätskontrast genannt) weist gewisse Ähnlichkeit mit dem Helligkeitskontrast auf. Er betrifft die Unterschiede an Leucht- und Buntkraft aller Farben. Die Intensität einer Farbe kann dadurch gesteigert werden, daß sie mit einer schwächeren Farbe konfrontiert wird, z.B. bei gesättigten Farben durch die Nachbarschaft von aufgehellten, blassen, abgedunkelten oder getrübten Farben. Ähnlich wurden die Farben in der mittelalterlichen Glasmalerei durch die dunklen Bleieinfassungen, bei Rouault und Beckmann

Leuchtkraft

144

durch die schweren, schwarzen Einfassungen zu besonderer Intensität gesteigert. Soll ein Ausgleich zwischen Farben unterschiedlicher Intensität geschaffen werden, so bietet sich der Quantitätskontrast als Hilfe an.

4.5.8. Unbuntkontrast

Der Unbuntkontrast (auch Bunt-zu-Unbunt-Kontrast genannt) ist eine Sonderform des Intensitätskontrasts, insofern, als die unbunte Farbe keine Buntkraft besitzt, sodaß die Intensität der Kontrastfarbe in dieser Paarung alleine wirkt (siehe mittelalterliche Glasmalerei). Die Wirkung des Unbuntkontrasts kann gesteigert werden, wenn zu ihm auch noch der Helligkeitskontrast und/oder der Quantitätskontrast in entsprechender Weise hinzugefügt werden.

4.5.9. Buntkontrast

Der Buntkontrast (auch Farben-an-sich-Kontrast genannt) besteht zwischen drei und mehr gesättigten Farben, zwischen deren Farbcharakteren möglichst große Unterschiede bestehen. D.h. es sind Farben, die auf dem Farbkreis relativ weit auseinander liegen, wie z.B. Gelb, Rot und Blau. Jede dieser drei Farben unterliegt zunächst dem Simultankontrast, dessen Wirkung jedoch durch die Simultankontrastwirkung, die durch die andere Farbe hervorgerufen wird, praktisch aufgehoben wird; stattdessen tritt eine Verstärkung der Buntkraft der Farbe auf. Der Buntkontrast ist so ein sehr auffälliger Farbkontrast, der deshalb auch besonders bei Signaltafeln bzw. Flaggen und Warnschildern etc. Verwendung findet.

4.5.10. Kalt-Warm-Kontrast, Nah-Fern-Kontrast

Die Bezugsgrößen der Begriffe Kalt-Warm-Kontrast und Nah-Fern-Kontrast verweisen schon darauf, daß diese Kontraste eigentlich nicht in die Reihe der hier aufgezählten Farbkontraste gehören. Weder die Begriffe Kalt und Warm noch die Begriffe Fern und Nah gehören in den direkten Bereich der Farbwahrnehmung. Trotzdem werden diese beiden Kontraste immer wieder als Farbkontraste in den Farbtheorien aufgeführt. Aus diesem Grund seien hier einige Anmerkungen über die Daseinsberechtigung dieser ‚Farbkontraste' gestattet.

Nach landläufiger Meinung und allgemeinem Sprachgebrauch decken sich die Begriffe ‚Warm' und ‚Nah' bzw. ‚Kalt' und ‚Fern' in Bezug auf die sie darstellenden Farben. So gelten die Farben zwischen Gelb und Rot als warm bzw. nah, die zwischen Blaugrün und Blauviolett als kalt bzw. fern. Für diese Klassifikation lassen sich auch einige Erlebnisdaten der sinnlichen Wahrnehmung anführen: die Sonne (Gelb) und das Feuer (Rot) sind warm, das klare, kalte Wasser erscheint ebenso wie die fernen Berge blau. Zu dieser Klassifikation schreibt J. Albers: „Was Warm und Kalt betrifft, ist es im abendländischen Kulturkreis eine ausgemachte Sache, daß in der Regel Blau kalt erscheint und daß die benachbarte Gruppe Gelb-Orange-Rot warm aussieht. Da jede Temperatur im Vergleich mit anderen Temperaturen höher oder tiefer eingestuft werden kann, gelten diese Qualifikationen nur bedingt. Somit gibt es auch warme Blau und kalte Rot innerhalb der jeweiligen Farbfamilie. Doch wenn diese Temperaturanzeiger Rot und Blau mit Neutraltönen (Weiß, Schwarz, Grau) zusammengestellt werden und mit deren Mischungen, besonders im Falle der temperaturneutralen Farben Grün und Violett, dann trennen sich persönliche Deutung von Farbtemperamenten als unvereinbar. Es ist deshalb verständlich, daß solche theoretischen Wertungen zu persönlichen Anschauungen führen und dort enden." (7, S. 100)

Diesen Ausführungen sollte man sich anschließen und deshalb auf eine Kalt-Warm- bzw. Nah-Fern-Klassifizierung im Sinne einer festen Kategorie im Bereich der Farben verzichten.

4.5.11. Flimmerkontrast

Der Flimmerkontrast hat entsprechende Ursachen wie die ‚vibrierenden Bilder‘, die in Kapitel III. 2.4.3. beschrieben wurden. Er entsteht im Bereich der Farben ebenso wie im unbunten Bereich, wenn mehrere, relativ kleine, verschiedenfarbige Flächen nebeneinander liegen. Allerdings müssen die Farben auf dem Farbkreis relativ weit voneinander entfernt sein, da sich sonst die Farben im Sinne des Bezold-Effekts angleichen, d.h. den Kontrast der Farben mindern. Die Wirkung des Flimmerkontrasts wird intensiviert, wenn Farben gleicher Helligkeitsstufen konfrontiert werden. Darin ist der Grund zu suchen, daß der Flimmerkontrast bei den Vollfarben des Farbkreises am stärksten zwischen Rot und Grün erscheint.

4.5.12. Erscheinungskontrast

Als Erscheinungskontrast wird der (oft äußerst geringe) Unterschied zwischen nahezu gleichen Farben, die sich nur aufgrund ihrer Struktur (Binnengliederung), d.h. in ihrer Zugehörigkeit zu strukturierten Oberflächen von Körpern, zu unstrukturierten ‚freien‘ Flächen oder zu Räumen unterscheiden, bezeichnet. Dieser Kontrast berührt aber mehr die Problematik der ‚Figur-Grund-Differenzierung‘, die in Kapitel III. 2.3. beschrieben wurde, und das Phänomen ‚Kontrast und Sensibilität‘, beschrieben in Kapitel III. 3.

Zusammenfassend ist zu den Farbkontrasten, so wie sie hier geschildert wurden, noch folgendes zu sagen:

In dieser isolierten Form, wie sie hier zur Erläuterung verwendet wurde, werden die Kontraste nie vorkommen, da jede Farbe, wie wir gesehen haben, grundsätzlich immer die Merkmale des Farbtons, der Sättigung und der Helligkeit gleichzeitig hat. So kann man bei

Zusammenfassung

147

genauem Hinsehen feststellen, daß auch die Darstellungen, die der Erläuterung der einzelnen Kontraste dienen sollen, nicht jeweils ‚nur‘ den gerade besprochenen Kontrast aufweisen, sondern auch immer noch durch andere Unterschiede gekennzeichnet und in ihrer Wirkung beeinflußt werden.

Zum zweiten besteht aber nicht nur eine Farbbeziehung nach innen zwischen den gewählten Farben, sondern auch nach außen zu den Farben der Umgebung, denn neben einer gestalteten Fläche ist ja nicht nichts, sondern andere Flächen mit anderen Farben. Bei der Arbeit mit Farbe ist also nicht nur die farbige Binnengliederung zu beachten, sondern soweit möglich, auch die spätere Umgebung, in der die Darstellung zu sehen sein soll.

Abschließend noch einige grundsätzliche Anmerkungen. Während der Arbeit an diesen Kapiteln stellte sich dem Autor immer wieder die Frage, inwieweit konkrete Aussagen über die Farben und Hinweise auf die mögliche Anwendung bzw. Anwendbarkeit der Farben und ihrer Kontraste gemacht werden können. Sicher erscheinen solche Hinweise für den Lernenden zunächst von größtem Interesse, auch ist die Versuchung für den Autor groß, seine konkreten Erfahrungen hier mitzuteilen, doch besteht die Gefahr, daß solche Hinweise für sichere Regeln gehalten werden und dadurch das Interesse am eigenen Erproben des ‚ganz und gar relativen‘ Mediums Farbe gemindert wird. Deshalb sollten solche Hinweise, auch in anderen Publikationen, soweit als möglich gemieden werden, sofern es nicht um ‚normierte‘ Symbolwerte für bestimmte Farben in bestimmten Anwendungsbereichen geht.

Wie groß diese Versuchung, aber auch die Problematik eines solchen Hinweisens ist, soll in dem folgenden Zitat aus der Publikation ‚Thema Farbe, Nr. 17‘ belegt werden: „Zunächst vermittelt jede Farbe für sich schon einen eigentümlichen Sinneseindruck, den wir in der Umgangssprache in Stufen zunehmender Genauigkeit zu bezeichnen suchen. Beispiel: Gelb, Zitronengelb, blasses Zitronengelb. Darüberhinaus vermitteln Farbe Eindruckserlebnisse im Bewußtsein ... Außerdem ‚erinnern‘ Farben an Sinneserfahrungen, mit denen zusammen sie häufig auftreten. Die aus all dem Genannten zusammengesetzten Erlebnisse durch Farben sind nicht eindeutig bestimmbar. Sie sind von Mensch zu Mensch weder genau gleich, noch gleich stark ausgebildet. ... Entweder rufen sie bei dauernder Einwirkung anhaltende Stimmungen (Gestimmtheiten) hervor oder sie lösen als vorübergehende Eindrücke diffuse Gefühlsregungen aus, die als ‚Anmutungen‘ bezeichnet werden. Diese nicht genau bestimmbaren Eindruckserlebnisse nennt man auch Stimmungs- bzw. Anmutungsqualitäten. Wir versuchen, sie durch Erlebnisbegriffe sprachlich zu fassen. Beispiele: heitere, jugendliche ... oder brutale Farbigkeit. ... Sicherlich sind Anmutungen seelisches Rohmaterial für manche Beziehung in der Farbensymbolik. Noch enger dürften sie jedoch mit der Farbdynamik zusammenhängen, nach der Farben von Gelb bis Rot als aktiv, anregend bis aufregend und solche von Grünblau über Blau bis Violett als passiv, beruhigend bis bedrückend gelten. Hierher gehören auch die Farbbevorzugungen: Jeder Mensch bevorzugt gemäß Alter, Geschlecht, Beruf, gesellschaftliche Rolle, Bedürfnisse und Interessen bestimmte Farben und Farbzusammenstellungen.“ (179, 3.2.)

Auch in diesen Ausführungen wird erklärt, daß es keine wirklich genauen Aussagen über die Charaktere der verschiedenen Farben gibt. Trotzdem heißt es wenig später an gleicher Stelle: „... Violett löst als Einzelfarbe Eindruckserlebnisse aus, die meist negativ bewertet werden. (Unlustgefühl, Beunruhigung, Bedrückung.)“ (179, 3.3.) Im folgenden „Hinweis“

148

steht dann dies: „Anmutungserlebnisse können bei mehrfarbigen Kombinationen . . . kaum vorausgesagt werden. Sie müssen erprobt und gegebenenfalls durch Tests ermittelt werden." (179, 3.4.)

Diese Zitate zeigen deutlich die Widersprüchlichkeit, in die man gerät, wenn man einerseits die Relativität der Farbe, insbesondere auch in Farbkombinationen, erläutert, andererseits aber ‚einmal‘ festgestellte Bewertungen über Farbcharaktere als nahezu gesicherte Werte ausgibt und darüber hinaus noch versucht, seinen Lesern ‚Regieanweisungen‘ über die Verwendbarkeit von Farben, d.h. Hinweise über den konkreten Umgang mit bestimmten Farben, zu geben. J. Albers schreibt zu solchen Versuchen, Farbsysteme zu entwickeln mit dem Ziel, Regeln für Farbharmonien und Farbwirkungen abzuleiten, folgendes: „In der Regel sehen die Beispiele harmonischer Farbkombinationen, wie sie aus maßgebenden Farbsystemen gewonnen werden, gefällig und schön und somit überzeugend aus. . . . In die Praxis übertragen, verändern sich diese Harmoniegruppen. Zusätzlich zu Quantität, Form und Wiederholung üben weitere Faktoren noch stärkeren Einfluß aus:

Verändertes und veränderndes Licht – und mehr noch,

verschiedenes Licht gleichzeitig;

Reflektion von Licht und Farbe;

Leserichtung und Lesefolge;

Darstellung in verschiedenen Materialien;

konstante oder alternierende Kombination von bezogenen

und sachfreien Gegenständen.

Angesichts dieser oder ähnlicher Verschiebungen dürfte es nicht überraschen, daß die angenehme Wirkung der ursprünglichen ‚systemrichtigen‘ Farbkombination oftmals verändert, aufgehoben oder umgekehrt erscheint. . . . Zweitens, kein mechanisches Farbsystem ist flexibel genug, die vielfältigen, soeben erwähnten Einflußfaktoren im voraus in einem Rezept zu erfassen. . . . Indem wir die Vorliebe für Harmonien aufgeben, erkennen wir die Dissonanz als ebenso wünschenswert wie die Konsonanz." (7, S. 73/74)

Aus der Erkenntnis, daß zum ersten exakte Farbbestimmung bei ‚Farben an sich‘ nur im physikalischen Bereich konkret, im gestalterischen dagegen nur in ‚idealen‘, abstrakten Farbsystemen möglich ist, zum zweiten die visuellen Sinnesempfindungen der Farben in Farbkombinationen nicht exakt vorauszubestimmen sind und zum dritten die Anmutungen, die die einzelnen Farben und Farbkombinationen hervorrufen, erst recht nicht systematisch erfaßt und vorausgesagt werden können, wurde bei dieser Darstellung der Farbkontraste darauf verzichtet, Regeln – auch nur mögliche oder wahrscheinliche – für den Umgang mit Farben zu erstellen. Der Sinn dieser Kapitel kann nur darin bestehen, auf bestimmte äußere Sachverhalte hinzuweisen, mögliche Unterscheidungen zu erläutern und sie dem Leser als Hilfsmittel für die kritische Überprüfung seiner Versuche und Erfahrungen und als Ansatzpunkte für die weiteren Versuche, mit Farbe zu gestalten, anzuempfehlen.

Die einzig möglichen Hilfestellungen, die auf diesem Weg der schriftlichen Mitteilung dem Leser zum Umgang mit Farben gegeben werden können, sind die folgenden Ratschläge:

Zum einen ist das analytische Beobachten von Farben und Farbkombinationen in Bezug auf ihre Wirkung intensiv zu betreiben, d.h. die verschiedenen Wechselbeziehungen zwischen den Farben sollten kennen- und sehen gelernt werden und zum anderen sollten in vielerlei Versuchen die Verhaltensweisen, z.B. die Farbtonveränderung durch Kontraste, der

Farben in ihren Wechselbeziehungen und auch in Bezug auf ihre Anmutungen und deren Veränderungen beobachtet und erfahren werden.

Auf diesem Wege, zu dem selbstverständlich auch die stete Kommunikation mit anderen, d.h. der Austausch von Erfahrungen und konstruktiv kritische Diskussionen über Arbeitsergebnisse mit Kommilitionen gehört, erscheint es möglich, die Sensibilität im Umgang mit Farben zu steigern und so die überaus vielfältigen Erscheinungsformen der Farben nach und nach zu begreifen, in den Griff zu bekommen und so einen sinnvollen und auch rationellen Umgang mit Farben zu erlernen.

„Solches Studium zielt darauf ab, ein sensitives Auge für Farbe zu entwickeln – und zwar experimentell, durch ‚trial und error' (Versuchen und Irren), d.h. so lange zu probieren, bis der bestimmte Effekt überzeugend erscheint. Im besonderen heißt das: Farbe agieren sehen, wie auch Farbbezogenheiten empfinden. . . . Ebenso wenig wie das Wissen über Akustik einen Menschen musikalisch macht – weder als Komponist noch als Hörer –, so kann auch kein Farbsystem an sich die Sensibiltät für Farben steigern. . . . Was hier zuerst und zuletzt zählt, ist nicht das sogenannte Wissen von sogenannten Fakten, sondern das Schauen, das Sehen. . . . Durch solch suchendes Lernen kommen wir von visueller Einsicht in die Wechselwirkung von Farbe, zur Erkenntnis einer wechselseitigen Abhängigkeit der Farbe von Form und Position; von Quantität (. . .); von Qualität (. . .); von Betonung (. . .)." (7, S.15/16)

Praktische Übung zum Thema: Farbe

Aufgabe   Überprüfen und Verändern der ‚Signale' aus der vorhergehenden Übung

Dazu sind zunächst folgende Fragen zu beantworten:
1. Welche Farbkontraste sind bei den verschiedenen Ergebnissen dominierend?
2. Welche Farbwirkungen wurden dadurch erzielt?
3. Welche Anmutungen sind bei den Signalen festzustellen?
Veränderung eines ausgewählten Signals durch:
1. Variation einer Farbe
2. Veränderung der Größenverhältnisse
Vergleiche die Ergebnisse miteinander und versuche die Unterschiede zwischen den einzelnen Lösungen in Bezug auf die Fragen 1–3 schriftlich zu fixieren.

5. Die Prägnanz: Das Ziel des Gestaltens

Ziel des Gestaltens ist nicht, wie schon zu Beginn des dritten Teils erwähnt wurde, das Herstellen von ‚an sich schönen‘ Gebilden, sondern das Ordnen und Zusammenstellen von gestalterischen Elementen, die aufgrund dieser Ordnung in der Lage sind, eine Nachricht möglichst reibungslos an einen Adressaten zu übermitteln. Dementsprechend können wir vier Kriterien für die Bewertung einer Gestaltung aufstellen:

1. Der Kontakt zwischen der Nachricht und dem Adressaten muß hergestellt werden.

Da eine Nachricht so lange wirkungslos bleibt, wie sie vom Adressaten nicht wahrgenommen wird, ist es die erste Aufgabe des Gestalters, die ‚Signale‘ (der physikalische Teil der Zeichen, II. 8.) so zu ordnen, daß sie zunächst einmal von der Zielgruppe empfangen werden. Dabei ist zu beachten, daß sie, um sich von der Reizvielfalt unserer Umwelt abzuheben, eine gewisse Eigenständigkeit, Auffälligkeit und Auszeichnung haben müssen, um so, als ‚visuelle Provokation‘, die Aufmerksamkeit des Adressaten auf sich lenken zu können.

visuelle Provokation

2. Der Kontakt zwischen Nachricht und Empfänger muß über eine gewisse Zeit aufrecht erhalten werden, um die Übermittlung der Nachricht zu ermöglichen.

Nur bei solchen Zeichen, die aufgrund ihrer Bedeutung, z. B. als wichtige Ordnungsfaktoren wie die Straßenverkehrsschilder, überaus bekannt sind, besteht die Möglichkeit, manchmal sogar die Notwendigkeit, den Prozeß: ‚wahrnehmen – erkennen – reagieren‘ nahezu gleichzeitig ablaufen zu lassen. In diesem Fall kann das Zeichen in kürzester Zeit wieder vergessen werden. In allen anderen muß jedoch die Reizkonstellation so gestaltet sein, daß über die Kontaktaufnahme hinaus noch irgendein Interesse, eventuell die sogenannte Wahrnehmungsneugier, angesprochen wird, um den Kontakt bis zum Ende der Informationsübermittlung aufrechtzuerhalten.

Wahrnehmungsneugier

3. Die Darstellung muß korrekt, richtig sein.
4. Die Darstellung der Nachricht muß deutlich, unmißverständlich, einleuchtend und überzeugend sein, so daß der Empfänger zu einer – möglichst positiven – Reaktion angeregt wird.

Die Darstellung einer Nachricht, die diese Kriterien erfüllt, nennt man ‚prägnant‘. Prägnanz ist also nicht, wie man vermuten könnte, nur eine Eigenschaft einer Darstellung an sich, also eine formalistische Eigenschaft, die sich nur auf den Bereich der Syntax bezieht, sondern sie ist die Eigenschaft einer Darstellung in Bezug auf ihre kommunikative Aufgabe, die also alle drei Dimensionen der Semiotik umfaßt.

Welches sind nun die Kennzeichen der Prägnanz?

Dazu wollen wir die Zeichen in der folgenden Darstellung unter diesen Aspekten betrachten:

Welches Zeichen fällt zuerst ins Auge?

Welches Zeichen erfaßt man zuerst?

Welches Zeichen wird zuerst in seiner Gänze gesehen?

Welches Zeichen prägt sich zuerst ein?

Welches Zeichen ist das auffälligste?

Sicherlich fällt die Wahl, insbesondere unter den ersten vier Aspekten, bei sehr kurzer Betrachtungsdauer auf die Kreisfläche. Entscheidend dafür ist, daß sie die geschlossenste, die einfachste und selbständigste Form ist.

Einfachheit kann also ein Kennzeichen für Prägnanz sein. Doch ein zweiter Blick auf die Zeichen läßt uns vielleicht zu einer anderen Bewertung kommen. Vornean könnten jetzt Formen stehen, die etwas komplexer und differenzierter sind als die Kreisfläche, die erkannt und damit abgetan ist. Ein gewisses Maß an Komplexität kann also auch ein Kennzeichen für Prägnanz sein. Ein Extrem an Komplexität jedoch führt zu einer Überforderung des Empfängers, die Nachricht wird durch die Vielfalt an Elementen unüberschaubar oder undurchschaubar; das Interesse an dieser Nachricht erlischt.

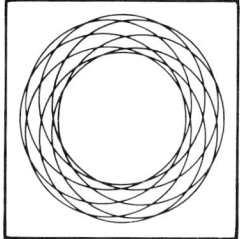  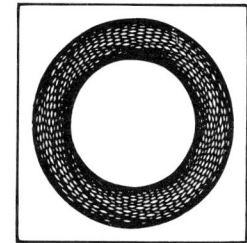

Auf der einen Seite haben wir also die Einfachheit eines Zeichens, das dadurch uninteressant wird, auf der anderen die Komplexität, die uns überfordert. Das prägnante Zeichen wird also zwischen absoluter Einfachheit und absoluter Komplexität zu finden sein.

Einfachheit – Komplexität

Ein zweites Kennzeichen, durch das sich der Kreis in der Menge der anderen Zeichen auszeichnet, ist die absolute Ordnung, die in dieser Form existiert. Die ‚Teile‘ des Kreises schließen sich absolut regelmäßig zusammen, die Form ist absolut symmetrisch, in jeder Hinsicht, nichts an ihr ist vom Zufall bestimmt. Ein neues Merkmal für Prägnanz wäre also das der Geordnetheit. Doch auch das Extrem solcher Ordnung kann zur Langeweile und zum Desinteresse führen (immer dieselbe Platte/Leier), wie auch das totale Gegenteil, das Chaos, das vom Zufall bestimmte, das den Empfänger in dauernder Ungewißheit und Unsicherheit läßt.

153

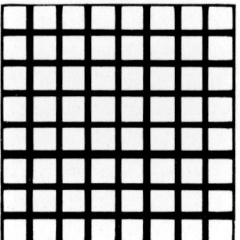 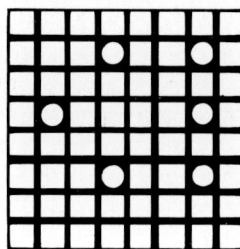 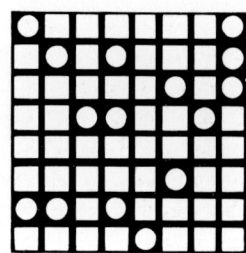

Auch hier wird, wie schon in der ersten Bestimmung, die Eigenschaft der Prägnanz zwischen den beiden Polen ‚Geordnetheit‘ und ‚Zufallsbedingtheit‘ liegen.

Und es gibt noch eine dritte Polarität, die sich wie die beiden anderen, um die Prägnanz gruppiert: die ‚Banalität‘ und die ‚Originalität‘. Der Kreis ist unter den oben dargestellten Formen die bekannteste und geläufigste. Dadurch wird er zwar schnell erkannt, aber auch ebenso schnell wieder vergessen. Je selbstverständlicher etwas für uns ist, desto weniger erregt es unser Interesse und unsere Aufmerksamkeit. Je fremder, neuer, ‚originaler‘ etwas ist, desto eher bemerken wir es. Nimmt jedoch das Neue überhand, wird die Nachricht unverständlich, kann man mit ihr ohne ‚Wörterbuch‘ nichts mehr anfangen.

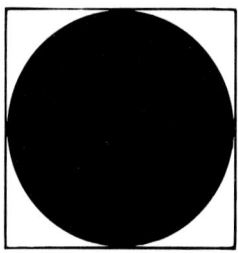 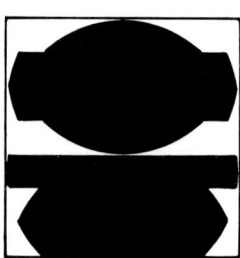 

So sehen wir im ersten Bild in der Ansammlung von Elementen, die als Superzeichen bekannt, banal sind, einen Kreis. Im zweiten Bild entstehen neue Strukturen, die aber immer noch das ursprüngliche Superzeichen erkennen lassen, es aber in neue Zusammenhänge bringen, während im dritten völlig neue Strukturen (durch Würfeln) entstanden sind, die zunächst keine verständliche Aussage haben.

Zusammenfassend können wir festhalten, daß die Prägnanz eine Funktion von:

Einfachheit	und	Komplexität
Geordnetheit	und	Zufälligkeit
Banalität	und	Originalität ist.

154

Dabei ist sie, wie so vieles in der (visuellen) Wahrnehmung, keine auf eindeutige Bedingungen reduzierbare Größe. Sie läßt sich also nicht auf Maßverhältnisse wie z. B. 80 % Einfachheit und 20 % Komplexität festlegen, sondern sie wird immer abhängig sein von der Qualität und Quantität der Nachricht, von der Zielgruppe, deren Interessen, Aufnahmevermögen etc. Z. B. ist es möglich, daß eine bestimmte Menge an Informationen in einem Lernschritt zu gering und die Nachricht damit banal und uninteressant für Gymnasiasten ist, andererseits aber dieselbe Menge an Information (also nicht die gleiche Information) für Lernbehinderte zu groß ist, d. h. die Nachricht enhält zu viele Neuigkeiten in Bezug auf das Aufnahmevermögen dieser Schüler.

Ähnlich ist das Verhalten vieler im Umgang mit moderner Kunst, Musik etc. Unerfahrener zu erklären. Für sie enthalten diese Werke ein Zuviel an ‚Information‘, um sie verstehen zu können, ebenso wie die Konstruktionszeichnung einer Maschine nicht von jedermann ‚gelesen‘ werden kann. Um sie dem Laien verständlich zu machen, bedarf es einer anderen Form der Darstellung.

Prägnant heißt also: eigenständig und deutlich in Bezug auf das Umfeld: deutlich, treffend, bedeutungsvoll, bündig-vielsagend und von gehaltvoller Kürze in Bezug auf die Darstellung der Nachricht.

5.1. Die Prägnanztendenz

Formen, Darstellungen oder Formulierungen, die zwar nahezu, aber doch nicht vollständig prägnant sind, sind in jedem Fall zu vermeiden. Denn die sogenannte Prägnanztendenz, die in erster Linie eine Eigenschaft des Gedächtnisses ist, verursacht das Bestreben, solche ‚unvollständigen‘ Formen zu ‚verbessern‘, prägnant zu machen. Zwei mögliche Reaktionsweisen auf solche Gebilde machen dies deutlich:

1. Dies ‚Verbessern‘ kann bei visuell ungeübten Betrachtern schon in der Wahrnehmung auftreten, wenn z. B. ein Winkel von 89° oder 91° als rechter Winkel gesehen wird.

Die Gestaltpsychologen haben dieses Phänomen ausführlich untersucht. Von diesen Versuchen werden hier zwei Beispiele abgebildet. Im ersten wurden die nicht parallelen Kurven im Gedächtnis zu parallelen ‚verbessert‘. Und Versuchspersonen, denen man die mittlere Figur vorlegte, gaben diese nach längerer Zeit in der Art der rechten wieder. (Bildbeispiele, 132, S. 8/9)

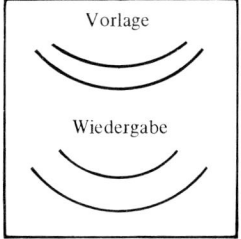

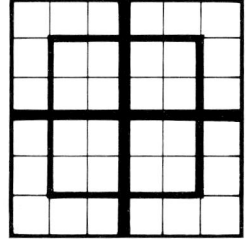

Der ungeübte Betrachter verbessert ‚nur‘, wobei dieses ‚nur‘ gleichbedeutend ist mit der Konstituierung einer neuen Form, die vom Gestalter nicht gewollt wurde, und die unter anderen Wahrnehmungsbedingungen möglicherweise nur noch schwer wiedererkannt wird.

2. Der relativ geübte Betrachter gerät jedoch in eine zwiespältige Lage. Einerseits nimmt er eine gewisse Unstimmigkeit, ein Abweichen von der prägnanten Form wahr, andererseits neigt er jedoch dazu, diese Form auch zu verbessern, als prägnante zu sehen. Die Folge ist meist ein Unbehagen, das den Kontakt zwischen der Nachricht und dem Empfänger nicht eben fördert.

Konkret heißt das, daß z.B. Flächen- oder Streckenteilungen nie nur ungefähr in der Mitte erfolgen sollten, sondern entweder tatsächlich in der Mitte oder aber deutlich außerhalb der Mitte. Gleiches gilt für das Anschneiden von Formen oder das Schrägstellen von Linien, Flächen oder Körpern. Immer muß deutlich werden, was gemeint ist.

Praktische Übung zum Thema: Prägnanz

Aufgabe   Überprüfen und mögliches Korrigieren der Ergebnisse der letzten beiden Übungen unter dem Aspekt der Prägnanz

Literaturverzeichnis

Soweit möglich wurden in diesem Literaturverzeichnis Taschenbuchausgaben ange-
führt, da sie aufgrund ihres geringen Preises (für Studenten) eher erschwinglich sind.

Dem Autor wichtig erscheinende Werke, auch solche, deren Inhalt er nicht voll
zustimmt, sind mit * vor dem Titel gekennzeichnet.

Bei Zitaten wird im Text die hier vor dem betreffenden Werk stehende Nummer und
die Seitenzahl in Klammern angegeben.

Allgemeine Nachschlagwerke

1. Brockhaus Enzyklopädie   Brockhaus, 17. Aufl., Wiesbaden 1969

2. dtv-Lexikon   dtv, München 1969

3. Meyers Konversations-Lexikon   4. Aufl., Leipzig/Wien 1890

4. Adhemar, J./Cogniat, R.   Europäische Grafik im 20. Jahrhundert
    Bertelsmann, Gütersloh

5. AG Grundlagenforschung   Semiotik
    der NGBK   Materialsammlung 6, NGBK, Berlin

6. Aicher, O./Krampen, M.   * Zeichensysteme der vis. Kommunikation
    Koch, Stuttgart 1977

7. Albers, J.   * Interaction of Color
    DuMont Dokumente, Köln 1970

8. Albrecht, H.J.   * Farbe als Sprache
    DuMont Taschenbuch 7, Köln 1979

9. Alsleben, K.   * Ästhetische Redundanz
    Schnelle, Quickborn 1962

10. Appeldorn, W.v.   * Die optische Revolution
    rororo 6779, Reinbek 1972

11. Aranguren, H.J.   * Soziologie der Kommunikation
    Kindler, München 1967

12. Arnheim, R.   Anschauliches Denken
    DuMont Dokumente, Köln 1972

13. Arnheim, R.   Entropie und Kunst
    DuMont Taschenbuch 86, Köln 1979

14. Arnheim, R.   * Die Macht der Mitte
    DuMont, Köln 1983

15. Arnheim, R.   * Kunst und Sehen
    DeGruyter & Co, Berlin 1965

16. Attneave, F.   Informationstheorie in der Psychologie
Huber, Bern/Stuttgart 1965

17. Barrett, C.   * Op Art
Studio Vista, London 1970

18. Barthes, R.   * Elemente der Semiologie
Syndikat, Frankfurt 1979

19. Barthes, R.   Im Reich der Zeichen
Suhrkamp, Frankfurt 1981

20. BDG (Hrsg.)   Honorarordnung für Grafik-Designer
BDG (Bund Deutscher Grafik-Designer)
Düsseldorf 1969

21. BDG (Hrsg.)   Bedeutung und Anwendung der Honorarordnung
für Grafik-Designer
Vortrag von R. Schmidt, BDG, Düsseldorf 1970

22. BDG (Hrsg.)   Notizen zur Frage der Weiterbildung des
Grafik-Designers
Kommission 6, BDG, Düsseldorf 1969

23. Bense, M.   Einführung in die informationstheoretische
Ästhetik
rororo, rde 320, Reinbek 1969

24. Bense, M.   Semiotik
Agis, Baden-Baden 1967

25. Bense, M.   * Zeichen und Design
Agis, Baden-Baden 1971

26. Berger, J. u. a.   * Sehen
rororo 6868, Reinbek 1974

27. Bessler, H. J./Bledjian, F.   Systematik der Massenkommunikationsforschung
Reinhardt, München/Basel 1967

28. Biesele, I. G.   Grafic Design International
ABC Verlag, Zürich 1977

29. Bleckwenn, R./Schwarze, B.   Gestaltungslehre
Handwerk und Technik 1975

30. Boller, E.   * Einführung in die Farbenlehre
Franke, Bern 1947

31. Bolzano, B.   Semiotik
Hrsg. E. Walther, rot text 43, Stuttgart 1971

32. Borisowski, G.   Form und Uniform
rororo 6644/45, Reinbek 1969

33. Bouma, J. P.   Farbe und Farbwahrnehmung
Philips, Eindhoven 1951

34. Brandt, W./Haderer, W./
Kerkhoff, D.   Zum Thema ‚Raum‘
Abschlußarbeit SS71, SHfBK Berlin Abt. VI,
Fachabt. Schauwerbe-Design; nicht veröffentlicht

35. Brauer, W.   * Grafik und Design
München 1976

36. Braun, G.   Design Medium Unterricht
BDG Dokumentation 9/1975

37.	Braun, G.	Grundlagen der visuellen Kommunikation Bruckmann, München 1987
38.	Bühler, A./Barrow, T./ Mountfield, Ch. P.	Ozeanien und Australien Holle, Baden-Baden 1961
39.	Burchartz, M.	Gestaltungslehre Prestel, München 1953
40.	Burchartz, M.	Schule des Schauens Prestel, München 1962
41.	Burkhardt, H.	Die Weiterbildung des Grafik-Designers in: BDG, Jahrestagung 1968, Düsseldorf
42.	Carraher, R. G./Thurston, J. B.	Optical Illusions and the Visual Arts * Reinhold, New York 1966
43.	Cherry, C.	* Kommunikationsforschung – eine neue Wissenschaft S. Fischer, Frankfurt a. M. 1967
44.	Cornelius, H.	Elementargesetze der bildenden Kunst Teubner, Leipzig/Berlin 1911
45.	DIN Farbenkarte 6164	Beuth, Berlin 1962
46.	DIN 16508 für den Buchdruck	Beuth, Berlin
47.	DIN 16509 für den Offsetdruck	Beuth, Berlin
48.	Ditfurth, H. v. (Hrsg.)	Informationen über Information Fischer Taschenbuch 6129, Frankfurt a. M. 1971
49.	Drever, J./Fröhlich, W. D.	* dtv-Wörterbuch der Psychologie dtv 3031, München 1971
50.	Erke, H.	Optimierung in Grafik-Design in: Form 52, IV/70, Opladen
51.	Escher, M. C.	* Grafik und Zeichnungen Moos, München 1972
52.	Fachhochschule Darmstadt	* Katalog zur Ausstellung der Grundlehre des Fachbereichs Gestaltung Fachhochschule Darmstadt 1972
53.	Faulmann, K.	Das Buch der Schrift Greno, Nördlingen 1985
54.	Favre, J. P./November A.	color and und et communikation ABC Verlag, Zürich 1979
55.	Frank, H.	Über grundlegende Sätze der Informationspsychologie in: Grundlagenstudien aus Kybernetik und Geisteswissenschaften, Band 1, Heft 1/2, Quickborn 1960
56.	Frank, H.	Über eine informationspsychologische Maßbestimmung der semantischen und pragmatischen Information dito
57.	Franke, H. W.	Computergrafik Computerkunst Bruckmann, München 1971
58.	Franke, H. W.	Phänomen Kunst Moos, München 1967

59. Frieling, H.   Das Gesetz der Farbe
                                         Musterschmidt, Göttingen 1968

60. Frieling, H.   Mensch und Farbe
                                         Heyne Kompaktwissen 4, München 1972

61. Fröhlich, W.D./Koszyk, K.   *   Die Macht der Signale
                                         rororo tele 41/42, Reinbek 1971

62. Geipel, H.   *   Die Weiterbildung des Grafik-Designers
                                         in: BDG, Jahrestagung 1968, Düsseldorf

63. Gericke, L./Schöne, K.   Das Phänomen Farbe
                                         Henschel, Berlin 1970

64. Gerritsen, F.   *   Farbe
                                         Otto Maier, Ravensburg 1975

65. Gerstner, K.   Die Formen der Farben
                                         athenäum, Frankfurt a.M. 1986

66. Gerstner, K.   *   Programme entwerfen
                                         Niggli, Teufen 1968

67. Gibson, J.J.   *   Die Sinne und der Prozeß der Wahrnehmung
                                         Huber, Bern, Stuttgart, Wien 1973

68. Gluck, F. (Hrsg.)   modern publicity
                                         vol. 49
                                         Studio Vista, London 1980

69. Gnauck, G./Engelbrecht, B.   Grundlagen der polygrafischen Techniken
                                         Lezinsky, Berlin 1969

70. Goethe, J.W.   Zur Farbenlehre Didaktischer Teil
                                         dtv JWG-Gesamtausgabe Bd 40, München 1970

71. Goethe, J.W.   Geschichte der Farbenlehre 1. Teil
                                         dtv JWG-Gesamtausgabe Bd 41, München 1970

72. Goethe, J.W.   Geschichte der Farbenlehre 2. Teil
                                         dtv JWG-Gesamtausgabe Bd 42, München 1970

73. Gollwitzer, G.   Die Kunst als Zeichen
                                         Kaiser, München 1963

74. Gollwitzer, G.   Zeichenschule für begabte Leute
                                         Otto Maier, Ravensburg 1964

75. Gombrich, E.H.   *   Kunst und Illusion
                                         Phaidon, Köln 1967

76. Gregory, R.L.   *   Auge und Gehirn
                                         Fischer Taschenbuch 6156, Frankfurt a.M. 1972

77. Grimsehl   Physik II
                                         Klett, Stuttgart

78. Gull, E.   Perspektivlehre
                                         Verlag für Architektur, Zürich/Stuttgart 1964

79. Hagenmaier, O.   Der goldene Schnitt
                                         Moos, Heidelberg 1963

80. Hartwig, H.   Sehen lernen
                                         DuMont aktuell, Köln 1978

160

81. Hartwig, H.   * Zur Ideologiekritik von SEHEN – LERNEN
in: Visuelle Kommunikation, DuMont aktuell
Köln 1971

82. Heimendahl, E.   Licht und Farbe
DeGruyter & Co, Berlin 1961

83. Hickethier, A.   Einmal-Eins der Farbe
Otto Maier, Ravensburg 1969

84. Hickethier, A./Rösch, S.   Die große Farbenordnung
(Hrsg.)   Otto Maier, Ravensburg 1972

85. Hofmann, A.   * Methodik der Form- und Bildgestaltung
Niggli, Teufen 1965

86. Hoffmann, H.-J.   Werbepsychologie
DeGruyter, Berlin, New York 1972

87. Hofstätter, P.R.   * Psychologie
Fischer Lexikon Bd 10, Frankfurt a.M. 1957

88. Hollweck, O.   Sehen – Grundlehre von Oskar Hollweck
Kunstgewerbemuseum Zürich 1968

89. IDZ Internat. Design   * Visuelles Design für kommunikative Prozesse
Zentrum (Hrsg.)   Grundlagen und Praxis
Berlin 1978

90. Itten, J.   * Kunst der Farbe
Otto Maier, Ravensburg 1964

91. Itten, J.   Mein Vorkurs am Bauhaus
Otto Maier, Ravensburg 1963

92. Jaxtheimer, B.W.   Knaurs Mal- und Zeichenbuch
Knaurs Taschenbücher 303, München/Zürich 1972

93. Kandinsky, W.   * Punkt und Linie zu Fläche
Benteli, Bern 1969

94. Kandinsky, W.   * Über das Geistige in der Kunst
Benteli, Bern 1970

95. Kapitzki, H.-W.   * Programmiertes Gestalten
J.Gitzel, Karlsruhe 1980

96. Katz, D.   * Gestaltpsychologie
Schwabe & Co, Basel 1969

97. Kepes, G. (Hrsg.)   Modul Proportion Symmetrie Rhytmus
La Connaissance, Brüssel 1969

98. Kepes, G.   Zeichen, Bild, Symbol
La Connaissance, Brüssel 1972

99. Kerner/Duroy   * Bildsprache 1
Don Bosco, München 1977

100. Klappauf, G.   Einführung in die Farbenlehre
Teubner, Leipzig 1949

101. Klaus, G.   * Die Macht des Wortes
VEB Verlag der Wissenschaften, Berlin 1972

102. Klaus, G./Buhr, M. (Hrsg.)   * Marxistisch-Leninistisches Wörterbuch der
Philosophie
rororo 6155–6157, Reinbek 1972

161

103.	Klaus, G.	*	Semiotik und Erkenntnistheorie VEB Verlag der Wissenschaften, Berlin 1972
104.	Klaus, G. (Hrsg.)		Wörterbuch der Kybernetik Fischer Taschenbuch 6141 u. 6142, Frankfurt a. M. 1971
105.	Klee, P.	*	Das bildnerische Denken Schwabe & Co, Basel 1956
106.	Klee, P.	*	Pädagogisches Skizzenbuch Kupferberg, Mainz/Berlin 1964
107.	Kleint, B.		Bildlehre Schwabe & Co, Basel 1969
108.	König, R. (Hrsg.)		Handbuch der empirischen Sozialforschung Enke, Stuttgart 1967
109.	König, R. (Hrsg.)	*	Soziologie Fischer Lexikon Bd 10, Frankfurt a. M. 1967
110.	Krampen, M.		Die Welt als Zeichen Severin und Siedler, Berlin 1981
111.	Krampen, M.	*	Grundzüge der Kommunikationsforschung in: BDG Jahrestagung 1968, Düsseldorf
112.	Krausser, P.	*	Untersuchung über den Anspruch der Wahrnehmung, Wahrnehmung zu sein Haim, Meisenheim 1959
113.	Küppers, H.		Farbe – Ursprung, Systematik, Anwendung Callwey, München 1972
114.	Küppers, H.		Die Logik der Farbe Callwey, München 1976
115.	Küppers, H.		Das Grundgesetz der Farbenlehre DuMont Taschenbuch 65, Köln 1978
116.	Küppers, H.		Farbenatlas DuMont, Köln
117.	–	*	Kunst – was ist das? Hamburger Kunsthalle 1977
118.	Kawayama, Y. (Hrsg.)		Zeichen, Marken und Signets Callwey, München 1977
119.	Lanners, E.	*	Illusionen Bucher, Luzern und Frankfurt/M.
120.	Lippfert, K.		Symbol-Fibel Stauda, Kassel 1961
121.	Loeb, A. L.		Color and Symmetry New York/Sidney/London/Toronto 1971
122.	Losert, H.		Sehen und Sichtbarmachen Müller, München 1971
123.	Lüscher, M.		Psychologie der Farben Test Verlag, Basel 1949
124.	Lyons, J.		Einführung in die Linguistik Beck, München 1971

125. Magnus, G. H.		DuMonts Handbuch für Grafiker DuMont, Köln 1980
126. Maletzke, G.	*	Psychologie der Massenkommunikation H. Bredow Institut, Hamburg 1963
127. Maser, S.	*	Grundlagen der allgemeinen Kommunikationstheorie Kohlhammer, Stuttgart 1971
128. Mayntz, R./Holm K./ Hübner, P.		Einführung in die Methoden der empirischen Soziologie Westdeutscher Verlag, Opladen 1972
129. Megla, G.		Vom Wesen der Nachricht Hirzel, Stuttgart 1961
130. Merleau-Ponty, M.	*	Phänomenologie der Wahrnehmung DeGruyter & Co, Berlin 1966
131. Metzger, W.	*	Gesetze des Sehens Kramer, Frankfurt a. M. 1953
132. Metzger, W.		Gestaltwahrnehmung in: n + m (Naturwissenschaft und Medizin) 23/1968
133. Metzger, W. (Hrsg.)	*	Handbuch der Psychologie Band 1/1, Hogrefe, Göttingen 1966
		Meyers großer Rechenduden Dudenverlag, Mannheim 1964
134. Meyer-Eppler, W.		Grundlagen und Anwendung der Informationstheorie Springer, Berlin/Göttingen/Heidelberg 1969
135. Moles, A. A.	*	Informationstheorie und ästhetische Wahrnehmung DuMont Dokumente, Köln 1971
136. Mueller, C. G./Rudolph, M.		Licht und Sehen rororo 6701/2/3, Reinbek 1969
137. Müller-Brockmann, J.	*	Geschichte der visuellen Kommunikation Hatje, Stuttgart 1971
138. Müller-Brockmann, J.		Gestaltungsprobleme des Grafikers Niggli, Teufen 1961
139. Murch, G. M./ Woodworth, G. L.	*	Wahrnehmung Kohlhammer, Stuttgart, Berlin, Köln, Mainz 1977
140. Nay, E. W.		Vom Gestaltwert der Farbe Prestel, München 1955
141. Neu, T.		Von der Gestaltungslehre zu den Grundlagen der Gestaltung Otto Maier, Ravensburg 1978
142. Noelle, E.	*	Umfragen in der Massengesellschaft rororo, rde 177/78, Reinbek 1963
143. Ohff, H.	*	Galerie der neuen Künste Bertelsmann, Gütersloh, Berlin, München, Wien 1971
144. Ostwald, W.		Die Farbenfibel Unesma, Leipzig 1925

145. Otto, G. (Hrsg.)   Das Malen und die Zugänge zu Werken der Malerei –
Handbuch der Kunst- und Werkerziehung Band VI 1
Rembrandt, Berlin 1966

146. Packard, V.   Die geheimen Verführer
Ullstein 404, Frankfurt/Berlin 1969

147. Papanek, V.   Das Papanek-Konzept
Nymphenburger Verlagshandlung, München 1972

148. Parola, R.   * Optical Art
New York/Amsterdam/London 1969

149. Pawlik, J./Straßner, E.   Bildende Kunst – Begriffe und Reallexikon
DuMont Dokumente, Köln 1969

150. Pawlik, J.   * Praxis der Farbe
DuMont, Köln 1981

151. Pawlik, J.   Theorie der Farben
DuMont Dokumente, Köln 1969

152. Peirce, Ch. S.   Über Zeichen
rot text 20, Hrsg. E. Walther, Stuttgart 1965

153. Pierce, J. R.   Phänomene der Kommunikation
Econ, Düsseldorf/Wien 1965

154. Prokop, D. (Hrsg.)   * Massenkommunikationsforschung
Fischer Taschenbuch BdW 6151 u. 6152,
Frankfurt a. M.

155. Rabbow, A.   dtv-Lexikon politischer Symbole
dtv 3084, München 1970

156. Reichert, G. N.   Proportion
Hochschule der Künste, Berlin 1987

157. Reimann, H.   Kommunikationssysteme
Mohr, Tübingen 1968

158. Reimers, E.   Meditationen über fernöstliche Symbole
Barth, Weilheim/Obb. 1964

159. Reinisch, L. (Hrsg.)   Werden wir richtig informiert?
Ehrenwirth, München 1964

160. Renner, A.   Informationen für Studienbewerber Grafik-Design
Abschlußarbeit WS 71/72, SHfBK Berlin Abt. VI
Fachabt. Grafik-Design; nicht veröffentlicht

161. Renner, P   Ordnung und Harmonie der Farben
Otto Maier, Ravensburg 1947

162. Rexroth, T.   Warenästhetik – Produkte und Produzenten
Skriptor Verlag, Kronberg 1974

163. Riley, B.   Bridget Riley – Ausstellungskatalog
Kunstverein Hannover 1970

164. Roghmann, K.   Methoden der empirischen Soziologie
in: Methoden der Sozialwissenschaften, Oldenbourg
München 1967

165. Rohracher, H.   * Einführung in die Psychologie
Urban & Schwarzenberg, Wien/Innsbruck 1965

166. Ronge, H.   Kunstlehre – früher und heute
Henn, Ratingen 1965

167. Ronge, H. (Hrsg.)   *   Kunst und Kybernetik
DuMont aktuell, Köln 1968

168. Rosenlechner, H.   Notizen zur Utopie der Kommunikation
in: BDG, Jahrestagung 1968, Düsseldorf

169. Roters, E.   Wolfgang Ludwig
in: Neue Konkrete Kunst, Galerie, Bochum 1971

170. Rotzler, W.   Konstruktive Konzepte
ABC Verlag, Zürich 1977

171. Ruder, E.   *   Typographie
Niggli, Teufen 1967

172. Sailer, A.   Das Plakat
Thiemig, München 1965

173. Schmidt, R.   *   Lehre der Perspektive und ihre Anwendung
Bauverlag, Wiesbaden/Berlin 1973

174. Schober, H./Rentschler, I.   *   Das Bild als Schein der Wirklichkeit
Moos, München 1972

175. Schönberg, A.   Harmonielehre
Universaledition, Wien/Zürich/London 1922

176. Schramm, W. (Hrsg.)   *   Grundfragen der Kommunikationsforschung
Juventa, München 1964

177. Scott, R.G.   Design Fundamentals
McGraw-Hill, New York 1951

178. Seitz, F.   *   Funktionen der Gebrauchsgrafik
Berliner Texte

179. Seitz, F.   *   Thema Farbe
Hrsg. Kast & Ehinger, Stuttgart

180. Seitz, F.   Visuelle Kommunikation
in: Format 9/1967, Stuttgart

181. Seitz, F.   *   Was ist Grafik-Design?
Hrsg. IDZ, Berlin 1977

182. Seitz, F.   *   Zum Berufsbild des Grafik-Designers
BDG 1-1970 Dokumentation, Düsseldorf

183. Spohn, J.   Einige Beispiele aus einer bildnerischen Grundlehre
TU Berlin 1968

184. Stadler, M./Seeger, F./Raeithel, A.   *   Psychologie der Wahrnehmung
Juventa, München 1975

185. Staeck, K.   Plakate abreißen verboten!
Steidl, Göttingen 1973

186. Stankowski, A.   *   Funktion und ihre Darstellung in der Werbegrafik
Niggli, Teufen 1967

187. Thews, K.H.   Warum das Auge uns betrügt
in: Akut Nr 8/1971

188. Thomae, R.   *   Perspektive und Axometrie
Kohlhammer, Stuttgart, Berlin, Köln, Mainz 1976

189. Walther, E.   Semiotische Analyse
in: Mathmatik und Dichtung, Nymphenburger Verlagshandlung, München 1969

190. Wichmann, S. (Hrsg.)   Weltkulturen und moderne Kunst
Bruckmann, München 1972

191. Wijsenbeek, L. J. F.   Piet Mondrian
Bongers, Recklinghausen 1968

192. Wittling, W.   * Einführung in die Psychologie der Wahrnehmung
Hoffmann und Campe, Hamburg 1976

193. Zwimpfer, M.   * Farbe, Licht, Sehen, Empfinden
Haupt, Bern 1985